けません。
器も楚々とした小さなものから始めることもあれば、桜の花や紅葉の葉、蓮の葉や芋の葉などを用いて、蓋を開ける驚きとともに、自然界や季節色を強く表現するなど、さまざまなアプローチの仕方があります。私はここ数年、なるべく定義というものをつくらないように心がけて、献立づくりをしてきました。ですから、アプローチは多種多様です。
そして、お客さまが着席し、最初の一品目、二品目の料理をお出しする際に、お客さまが想像する期待以上のものを表現したいと考えております。独立してからの私の二十数年は、この付き出し、先付を考え続ける毎日といっても過言ではありません。

本書は、目まぐるしく早いスピードで移り変わろうとする時代背景の中、日本料理が守るべき伝統と文化、そして、時代と共に進化し変化しなければいけない全ての〝今〟を捉える、私なりの付き出し、先付を提案できればと思い、撮影に挑みました。
今をときめく現代陶芸作家さんの伸び伸びとしたバリエーション豊富な器に、新しい何かを盛り付ける喜びを感じながら、日本料理に携わる料理人のみなさまと、日本料理を愛する全てのみなさまに、ご拝読いただければ幸いです。

日本料理の〝今〟を捉えた、感動を生む献立の幕開け

銀座 小十の先付・付き出し 一〇一品 ― 目次

「**全ては最初の〝先付〟で決まる**」
先付は自由。
季節という定義を踏まえれば、
想像力は無限大。

春の先付
付き出し

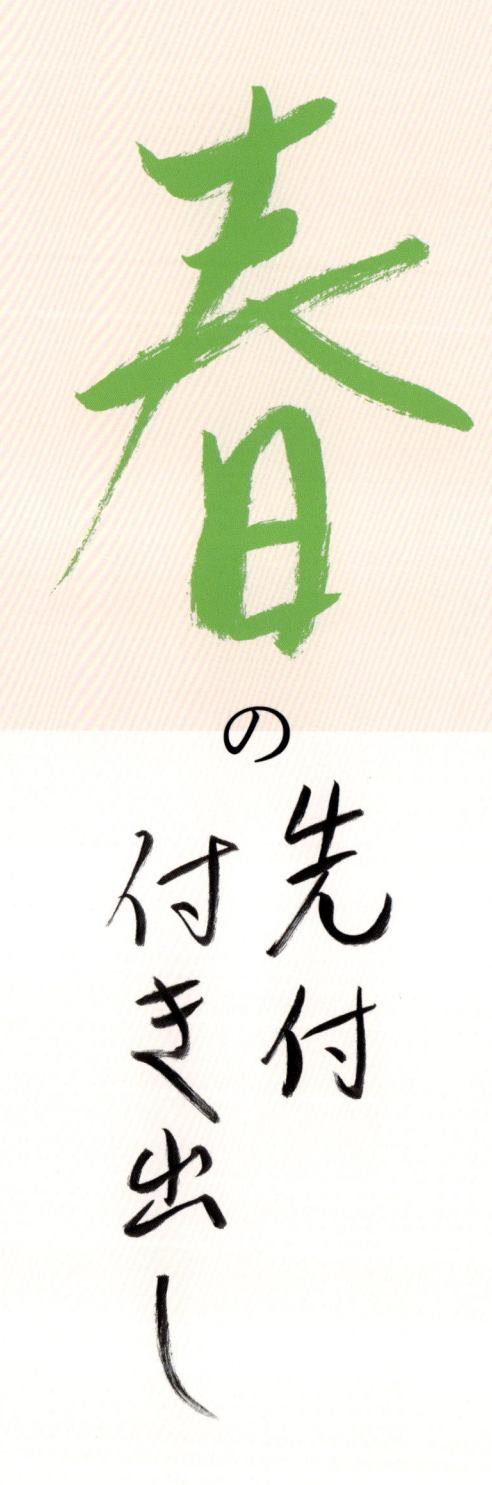

春の先付と付き出し
――春は一年の始まりです。

春は一年のスタートです。寒い季節から暖かい季節へと移り、自然の色彩も黄色や緑色、ピンクになり、自然と気持ちが明るくなります。人は暖かくなってきれいな色を見ると陽気になって外に出掛けたくなります。そういう意味でも、春の料理は温かみがあり、華やかで楽しさがあるものがいいのではないかと思います。花見にちなんだ八寸やお弁当、春の山菜や貝類などを上手に使って、自然界の息吹やミネラルを体にとり入れるのも、日本料理が成せる技ではないでしょうか。

01

そら豆挟み揚げ三種

海老／いか／明太子

軽やかなイメージに盛り付けた
春の香りのそら豆の間から
異なる三種の味わいが顔を出す

「海老」のつくり方
①そら豆をさやから出し、半分に割る。②車海老の殻をむき、ぶつ切りにする。③魚のすり身に、卵黄と油を混ぜた“玉子の素”を少々入れ、❷を加えて生地をつくる。④そら豆の内側に葛粉を打ち、真ん中に❸を挟み、表面にも葛粉をはたく。⑤170℃に熱した油で、さっと唐揚げにする。

「いか」のつくり方
①いかは細かく叩き、少し粘りを出す。②そら豆の内側に葛粉を打ち、つなぎは入れずに❶を挟み、表面にも葛粉をはたく。③170℃に熱した油でさっと唐揚げにする。

「明太子」のつくり方
①明太子一腹は皮をこそぎ、中の卵だけにする。②じゃがいも１個は蒸してから、裏漉しにする。③そら豆の内側に葛粉を打ち、❶と❷を混ぜ合わせたものを挟み、表面にも葛粉をはたく。④170℃に熱した油でさっと唐揚げにする。

02

毛蟹　蓮芋　トマトゼリー

フルーツトマト／
蓮根甘酢漬け／緑パプリカ

たっぷりの毛蟹の美味しさを
食感のいい小角の野菜と
旨味の濃いトマトゼリーが
爽やかにまとめ上げる

つくり方

①毛蟹は脚と爪を霜降りにし、殻をむいて身だけにする。②胴体は酒蒸しにして殻から外し、身をほぐす。③蓮芋は熱湯に少量の酢を入れて下ゆでし、氷水に落として粗熱をとる。水気をよく絞り、二番だしに塩と薄口醤油で味を調えた吸い地につけ、お浸しにする。④トマトゼリーをつくる。トマトは粗く刻んでミキサーにかけ、キッチンペーパーで一晩漉し、果肉と透明な液体に分ける。液体に塩少々を加えて味を調え、ゼラチンを入れてゼリー状にする。⑤緑のパプリカはバーナーで表面を炙って薄皮をむき、小さな角切りにする。⑥生のフルーツトマトの果肉は、小さな角切りにする。⑦蓮根は二つに割り、半月切りにする。熱湯に少量の酢を入れて蓮根をゆで、おか上げにして粗熱をとる。さらに、米酢を水で割って、砂糖を加えた甘酢に入れ、甘酢漬けにし、小角に切る。⑧❹に❺、❻、❼を加えて混ぜ合わせる。⑨器の底に❸を敷き、毛蟹を盛り、上から❽をかける。

花見八寸 ― 光琳笹盛り

尾形光琳の花見ゆかりの
あでやかな金箔の竹皮に
心浮き立つ酒肴を盛り込む

お品書き五種

鰆藁たたき
トマト／白葱／太白胡麻油酢醤油

車海老　白ミル貝　平貝
白アスパラガス焼き／梅酢あんかけ

青竹串刺し

ホタルイカ　筍
わらび　うど
木の芽味噌和え

春子鯛桜寿し

03
鰆藁たたき
トマト／白葱／太白胡麻油酢醤油

つくり方
①三重県の鮮度のいいトロ鰆を仕入れて、三枚におろし、さくにして藁で炙り、たたきにする。②トマトは湯むきして、小角に切る。③白葱は芯を取って小角に切り、水にさらす。④ボウルに濃口醤油１、米酢１の割合で合わせ、太白胡麻油を少々入れて、❷❸を混ぜ合わせる。⑤❶の鰆をへぎ造りにし、❹をかける。

04

車海老　白ミル貝　平貝
白アスパラガス焼き／梅酢あんかけ

つくり方
①車海老は半生にゆで、氷水で冷やす。②白ミル貝と平貝は下処理をし、ひと口大に切る。③白アスパラガスは根元の硬い部分の皮をむいて、串を打ち、炭で焼いてひと口大に切る。④米酢を水で割り、砂糖を加えて甘酢をつくる。鍋に甘酢を熱して葛をひき、吉野酢をつくる。⑤冷ました吉野酢に裏漉しした梅肉を適量入れ、梅酢あんをつくる。⑥器に❶❷❸を盛りつけ、冷たくした梅酢あんをかける。

05 青竹串刺し

「牛肉　椎茸　クレソン巻き」のつくり方
①割り下をつくる。鍋に味醂3、日本酒1を合わせて火にかけ、沸騰させてアルコールをとばす。冷めたら濃口醤油を1.5混ぜ合わせる。②和牛ロース肉のスライスを❶に10秒漬けた後、さっとゆでたクレソン、マッチ棒の太さに切った生の椎茸を芯にして巻く。③串を打って炭火で炙り、❶を3回ほど塗って、焼き色と照りを出す。

「玉子焼き」のつくり方
①卵8個を黄身と白身に分ける。②すり鉢に魚のすり身を200g、卵黄を8個分入れてすり合わせる。③白身はボウルに入れて、角が立つまで泡立てる。④黄身の入ったすり鉢に泡立てた卵白、砂糖76g、味醂34gを入れて混ぜる。それを流し缶に入れ、160℃のオーブンで約15分、さらに120℃で20分焼く。⑤中まで火が通ったことを確認してから、オーブンから出して冷まし、ひと口大に切る。

「小柱　えんどう豆コロッケ」のつくり方
①えんどう豆はゆでて裏漉しする。②コロッケの地をつくる。鍋で小麦粉10gを軽く煎り、水分をとばす。そこに太白胡麻油10gを加え、弱火でゆっくりと練る。さらに牛乳50㎖を2～3回に分けて入れ、よく練り合わせる。③❷と同量の❶を鍋に加えてよく混ぜ合わせ、塩適量を入れて味を調える。冷めたら、生の小柱と茹でたえんどう豆を入れる。④ひと口大に丸めて、細かくしたパン粉を衣につけて、170℃の油で揚げる。

青竹串にコロッケ、玉子焼き、牛肉の順に刺す。

06

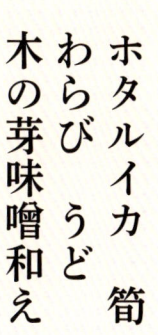

ホタルイカ 筍 わらび うど 木の芽味噌和え

つくり方
①筍、わらび、うどはそれぞれ下処理をし、薄味のだしで炊いて味を含ませておく。②木の芽味噌をつくる。鍋に白味噌、卵、砂糖、酒、味醂を入れて弱火にかけ、練り上げて玉味噌をつくる。さらに、すり鉢であたった木の芽、色づけの青寄せ(ゆでたほうれん草の裏漉し)を入れて混ぜ合わせる。③ゆでたホタルイカ、食べやすい大きさに切った筍、わらび、うどを❷で和え、器に盛る。

07

春子鯛桜寿し

つくり方
①春子鯛は水洗いして三枚におろし、中骨を抜く。さらに両面に塩を振って10分置く。②熱湯を皮目にかけて霜降りをし、氷水に落として冷やし、布巾などで水気をきれいに拭く。さらに米酢でさっと酢洗いをし、塩抜きした桜の葉で両面を挟んで6時間置き、桜の葉の香りをつける。③すし飯で❷を握りにし、刷毛で濃口醤油を塗り、塩を抜いた桜の葉を上からかぶせて形を整える。

08

平貝春菜づくし

平貝／春菜（筍・わらび・菜の花・つくし・たらの芽・白アスパラガス・せり・うど・そら豆・木の芽・うるい・こごみ・水菜・宮古ぜんまい・よもぎ）

08 平貝春菜づくし

つくり方
①菜の花、こごみ、たらの芽、そら豆、うるい、せり、白アスパラガス、宮古ぜんまい、つくしは下ゆでをし、氷水に落として水気をよく絞る。二番だしに塩と薄口醤油を加えた吸い地で、お浸しにする。②筍、わらびはそれぞれ下処理をしてアクを抜き、別々に煮る。③水菜、うど、木の芽、よもぎは切っておく。④平貝は殻からはずして掃除をし、串に刺す。表面だけを強火の炭火で焼いて中は生の状態に仕上げ、ひと口大に切る。⑤平貝と15種類の春野菜を醤油、山葵、酢橘で和え、平貝の殻に盛る。

山海の春の息吹を
平貝の殻に盛り込んだ
力強いスペシャリテ

09

青竹刺し三種

思わず手が伸びる
竹串に刺した美味を
ひと口ずつ粋に味わう

「桜鱒昆布〆　白アスパラガス巻き　黄身酢」のつくり方
①桜鱒は三枚におろし、さく取りして皮を引き、両面に塩をして昆布締めにする。②昆布締めにした桜鱒を薄く切り、塩ゆでしたホワイトアスパラガスを芯にして巻き、上から黄身酢をかける。

「穴子ごぼう八幡巻き」のつくり方
①穴子は背開きにして内臓などを掃除し、尾を付けたまま真ん中から割く。②ごぼうは糠を入れた水で下ゆでする。二番だしに濃口醤油、砂糖を加えて味を調え、弱火で炊く。③❶で❷を巻き、八幡巻きにする。串に刺して炭火で焼き、たれを塗りながら焼き上げ、ひと口大に切る。

「蕗の薹　新じゃが　雲丹フライ」のつくり方
①新じゃがを蒸して裏漉しにし、塩適量を入れて味を調える。②蕗の薹の芯を取り、がくだけにする。芯は刻んで揚げ、❶と混ぜ合わせる。③❷の生地の真ん中に生雲丹を射込み、丸く形取る。④蕗の薹のがくの中に③を入れ、パン粉をつけて180℃の油で揚げる。

青竹串にフライ、八幡巻き、昆布〆の順に刺す。

10

蒸し鮑
焼きアスパラガス
肝だれ

やわらかな蒸し鮑と
快い食感の焼きアスパラガスを
濃厚な肝だれが包み込む

つくり方
①鮑は300〜400ｇの大きなものを用いる。たわしで表面の汚れをこすり落として、殻から外し身と肝に分ける。②身に日本酒をふり、6時間ほどゆっくり蒸してやわらかくする。③肝は裏漉しして、煮切り酒と濃口醬油で味を調え、肝だれをつくる。④アスパラガスは軸の硬い部分の薄皮をむき、串に刺して太白胡麻油を表面に塗り、炭火で焼く。⑤❷の鮑を大きめのひと口大に切り、盛る直前に再度蒸して温める。⑥器に❹❺を盛り付け、肝だれをかける。

11

毛蟹脚　トマトゼリー

フルーツトマト／蓴菜（じゅんさい）／青柚子

しっとり甘い毛蟹と
なめらかなトマトゼリーが
織りなす、春の競演

つくり方
①毛蟹の脚は殻をむき、氷水の中を泳がせて洗いにする。②昆布だしに塩を加えて味を調え、❶を漬けて軽く味を含ませる。③トマトゼリーをつくる。トマトは粗く刻んでミキサーにかけ、キッチンペーパーで一晩ゆっくり漉し、赤い果肉と透明な液体に分ける。液体に塩少々を加えて味を調え、ゼラチンを入れゼリー状にする。④冷やした器に、❷、蓴菜、フルーツトマトを入れ、上から❸をかける。⑤仕上げに、おろし金ですった青柚子の皮をふる。

12

車海老　トリ貝　若布　蓮芋

山葵／酢橘醤油

深い甘みの半生の車海老と
旬のトリ貝が、
山葵葉に鮮やかに映える

つくり方
①車海老は殻ごと沸騰した湯に入れて色を出し、すぐに氷水に漬けて半生状態にする。②トリ貝は中のワタを取り出して下処理をし、熱湯に少量の酢を加えた中で霜降りにして、氷水に落とし冷ます。③若布は水で戻し、軸を取ってひと口大に切る。④蓮芋は表の硬い皮をむいて、細くさく取りし、少量の酢を加えた熱湯で下ゆでする。すぐに氷水に落として冷まし、よく絞って吸い地に漬け、お浸しにする。⑤適当な大きさに切ったすべての具材をボウルに入れ、だし、濃口醤油、山葵、酢橘で味を調えてざっくり和える。⑥器に氷を敷き、山葵の葉の上に❺を盛る。

花見弁当

花見弁当

越前塗の二段重に
たっぷり盛り込まれた
美しい料理の数々。
つくり置きしない
できたてが身上

一段目お品書き

白海老昆布〆　昆布だしゼリー／桜花塩漬け
鰻巻き玉子焼き　べっこう甘酢あん
わらび白和え
白魚海苔天ぷら　梅塩
桜鱒柚庵焼き　木の芽
磯つぶ貝旨煮
諫美豚八幡巻き
春子鯛手毬寿し　桜葉包み
菜の花辛子漬け
車海老
鯛の子時雨煮
茗荷甘酢漬け
一寸豆

13

白海老昆布〆

昆布だしゼリー／桜花塩漬け

つくり方
①白海老は殻をむいて薄く塩をし、昆布に挟んで昆布締めにする。②水１ℓに対して、昆布20ｇを入れて昆布だしをつくり、塩で味を調える。さらにだしの量の２％のゼラチンを加えてゼリー状にする。③❶の上に❷をかけ、上に塩気を抜いた桜の花をのせる。

14

鰻巻き玉子焼き

べっこう甘酢あん

つくり方
①鰻は蒲焼きにして、さくに切る。②鍋に二番だし150mℓに塩と薄口醤油を加えて調味し、吸い地をつくる。③卵５個に150mℓの吸い地を合わせ、だし巻き玉子液をつくる。④玉子焼き器を熱して油をひき、さく取りした鰻を芯にして❸で巻き、鰻巻き玉子をつくる。⑤二番だしに米酢、濃口醤油、味醂各少々で味を調え、水溶き葛粉でとろみをつけ、❹の上にかける。

15

わらび白和え

つくり方
①わらびは灰をまぶして、上から80℃の湯を注ぎ下処理をし、ひと口大に切る。②鍋に、だし９、薄口醤油１、味醂１の割合で沸かし、❶を入れて下炊きする。③水切りした豆腐をフードプロセッサーで回し、塩、砂糖、薄口醤油、濃口醤油、味醂、日本酒で味を調え、ふわっとした白和え衣をつくる。④❷と❸を和える。

16

白魚海苔天ぷら

梅塩

つくり方
①白魚は塩水で洗い、下処理する。②海苔を帯にして、白魚を巻き小麦粉をまぶす。③揚げ油を180℃に熱し、天ぷら衣をつけた❷を揚げ、梅塩をふる。

17

桜鱒柚庵焼き

木の芽

つくり方
①桜鱒はひと口大に切り、柚庵焼きの地（味醂3、日本酒1を沸かして冷まし、濃口醤油1.5を加えたもの）に10分漬け込む。②❶を串に刺して炭火で白焼きにし、柚庵焼きの地を3回ほどかけて照りをつける。③仕上げに木の芽をのせる。

18

磯つぶ貝旨煮

つくり方
①磯つぶ貝はよく洗い、ぬめりを取る。②熱湯で霜降りにし、水、水の量に対して2割の日本酒、昆布、❶を入れ、濃口醤油と味醂少々で味を調え、20分ほど炊く。

19 諫美豚八幡巻き

つくり方
①ごぼうは表面をたわしで洗って汚れを取り、四つ割りにする。②鍋に❶、水、米糠を入れて下炊きする。さらに、鍋にだしを注ぎ、濃口醬油、味醂各少々で味を調え、弱火で炊く。③❷に豚バラ肉のスライスを巻いて、串を打ち、炭火で焼く。④焼き上がりに割り下(味醂3：日本酒1：濃口醬油1.5)を塗り、焼き上げる。

20 春子鯛手毬寿し 桜葉包み

つくり方
①春子鯛は三枚におろして骨を抜き、塩をして30分置く。②皮目に熱湯をかけて、氷水に取る。粗熱がとれたら水気をよく拭いて、酢洗いし、昆布で挟んで、半日昆布締めにする。③寿し飯をつくり、❷とガーゼに包んで手毬寿しにし、桜の葉で包む。

21 菜の花辛子漬け

つくり方
①菜の花はかたい軸の部分を切り取り、塩ゆでにする。②氷水に入れて粗熱をとり、水気をよく絞る。③二番だしに、塩と薄口醬油を入れ、吸い地の加減に味を調える。そこに辛子を溶き、❷を漬け込む。

22 車海老

つくり方
①車海老は尾から平らにのして串を打ち、塩ゆでにする。②氷水に落として粗熱をとり、殻をむいてひと口大に切る。

23 鯛の子時雨煮

つくり方
①鯛の子は血管の血を取り除き、ひと口大に切ってさっと熱湯で霜降りにする。②鍋に、二番だし9、薄口醤油1、味醂1の割合で入れて火にかけ、砂糖適量、針生姜を加える。沸いたところに❶を入れ、5分ほど煮含める。

24 茗荷甘酢漬け

つくり方
①茗荷は縦に二つ割りにし、熱湯にさっと入れて色出しをする。②ざるに上げ、表面に塩をふる。冷めたら、米酢を水で割り、砂糖を入れて味を調えた甘酢に漬ける。

二段目

25 白ミル貝　平貝　若布

春蘭／りんご酢ゼリー

つくり方
①白ミル貝と平貝は殻から外して下処理をし、ひと口大に切り分ける。②りんご酢ゼリーをつくる。りんご酢を水で割り、砂糖、薄口醤油で味を調え、おろし生姜を適量加える。分量の３％の板ゼラチンを入れて固め、ゼリー状にし、ほぐす。③器に白ミル貝、平貝、若布を盛って❷をかけ、ゆでた春蘭をあしらう。

26

稚鮎唐揚げ

万願寺／赤パプリカ／甘酢あんかけ

川を泳ぐ稚鮎が纏う
なめらかな
二色の甘酢あん

つくり方

①活けの稚鮎を氷水で氷締めにする。②"つ"の字になるように串を刺し、葛粉をつけて170℃の油で水分がなくなるまで揚げる。③万願寺唐辛子を180℃の油で揚げて、氷水に落とし、冷めたら水気をよく拭き取る。中の種を取り除いてミキサーにかけ、ペースト状にして裏漉しする。④赤パプリカは種を取って塩ゆでし、氷水に落として粗熱をとる。ミキサーにかけてペースト状にし、裏漉しする。⑤❸と❹をそれぞれだし適量でのばし、酢、砂糖、薄口醤油で味を調え、葛を引いて甘酢あんかけにする。⑥180℃で二度揚げした稚鮎を器に盛り、それぞれに甘酢あんをかけて仕上げる。

27

白アスパラガスのすり流し

桜の寒天と塩漬けが浮かんだ
純白のすり流しの下から
毛蟹が顔を出す

つくり方
①白アスパラガスは皮をむいて塩ゆでし、お浸しにする。少し残しておき、残りを適当な大きさに切ってフードプロセッサーにかける。濃いめの昆布だしでのばし、すり流しにして、塩で味を調える。②うすいえんどう豆も塩ゆでし、同様にすり流しにする。③水、昆布、桜の花と葉の塩漬けを煮だして漉したもの750mℓに寒天８ｇを溶かし、流し缶で冷やし固める。④器の底に、お浸しにしておいた白アスパガラスを小角に切って入れ、毛蟹の酒蒸しを適量のせる。⑤さらに白アスパラガスのすり流しを入れ、うすいえんどう豆のすり流しを浮かべる。桜の寒天を切り分けてのせ、塩抜きした桜の花の塩漬けを天に盛る。

菖蒲八寸

鎧兜の香合、
光琳写しのあやめの香合が
端午の節句を彩る
祝い八寸

お品書き

稚鮎唐揚げ　緑酢
トゲクリ蟹　白ダツ芋／黒酢ゼリー／花穂／銀箔
干しぜんまい白和え
鯛粽寿し

28 稚鮎唐揚げ 緑酢

つくり方
①稚鮎は生きているものに葛粉をまぶし、二度揚げにする。②緑酢はすりおろして汁気を絞ったきゅうり、すり鉢ですった木の芽とたで、米酢、砂糖を混ぜる。③❷を小球状にまとめ、揚げた稚鮎の頭にのせる。

29 トゲクリ蟹 白ダツ芋／黒酢ゼリー／花穂／銀箔

つくり方
①トゲクリ蟹は水で洗って水気をきり、酒をふって15分蒸し、殻から身を取り出す。②白ダツ芋は皮を取り、湯に酢と大根おろしを加えた中でゆでてあく抜きをする。水にさらしてよく絞り、食べやすい大きさに切る。だしに塩と薄口醤油を加えた吸い地につけ、お浸しにする。③二番だしに黒酢、濃口醤油、砂糖で味をつけ、ゼラチンを加えて冷やし、黒酢ゼリーをつくる。④器に白ダツ芋と黒酢ゼリーを盛り、蟹をのせて黒酢ゼリーをかける。花穂と銀箔をあしらう。

30 干しぜんまい白和え

つくり方
①干しぜんまいは水に一晩つけてふやかし、湯を張った銅鍋に入れて戻す。束ねて片側を竹皮で結び、だし、濃口醤油、味醂、砂糖の煮汁で煮含める。②水切りした木綿豆腐をフードプロセッサーにかけ、酒、塩、淡口醤油、濃口醤油、砂糖で調味し、和え衣をつくり、食べやすい大きさに切った❶と和える。

31

揚げ湯葉二種

白海老昆布〆／
生このこ／ふり酢橘

ホタルイカ／
木の芽味噌焼き／つくし

渾然一体となった
味わいを楽しむ
春の口福

「白海老と生このこ」のつくり方
①乾燥平湯葉は四角に切り、素揚げする。②白海老は薄く塩をして昆布の上に並べ、昆布締めにする。ボウルに入れ、酢橘の搾り汁を加えて和える。③生このこは包丁で繊維を切る。④❶に❸をのせ、さらに❷をのせて、酢橘の皮をおろしてふる。

「ホタルイカ木の芽味噌」のつくり方
①乾燥平湯葉は四角に切り、素揚げする。②木の芽味噌をつくる。鍋に白味噌、卵、砂糖、酒、味醂を入れて弱火にかけ、練り上げて玉味噌をつくる。さらに、すり鉢であたった木の芽、色づけの青寄せ（ゆでたほうれん草の裏漉し）を入れて混ぜ合わせる。③❶に❷を塗り、ボイルしたホタルイカとつくしを上にのせて、180℃のオーブンで３～５分ほど焼く。

夏の先付 付き出し

夏の先付と付き出し

――夏は何といっても清涼感です。

夏はみずみずしさや透明感、涼し気な清涼感が大切です。まず最初に冷たいもので体を一度クリアにして、リフレッシュさせます。氷や霧吹きを使って、どこかに冷たさを感じさせる演出も必要です。器は清涼感のある染付やガラス、土ものなら焼き締めをよく冷やして水気をたっぷり含ませます。海の青や空の青を映した、シャープな現代作家の器なども夏の料理にぴったりです。

32

枝豆すり流し　二色雲丹

生湯葉／玉子豆腐／蓴菜

なめらかなすり流しと
旨みの濃い二色の雲丹が
夏の涼やかなご馳走

つくり方

①枝豆はゆでて裏漉しする。ミキサーに入れ、昆布だしを少しずつ加えながらのばして、すり流しをつくる。②生湯葉は食べやすい大きさに切る。③蓴菜はさっと霜降りにして、氷水に落とす。④器を冷やし、一番底に枝豆のすり流しを入れる。さらに、玉子豆腐の角切り、❸、❷の順で積み上げ、濃いめのバフンウニと塩水紫雲丹をのせ、仕上げに青柚子の皮をおろしてふる。

33

鱧湯引き

水茄子／フルーツトマト／
ミニオクラ／胡瓜おろしトマトゼリー

湯引きたての温かな鱧の甘さを
夏野菜とトマト風味の胡瓜おろしが
爽やかに引き立てる

つくり方

①トマトゼリーをつくる。トマトは粗く刻んでミキサーにかけ、キッチンペーパーで一晩ゆっくり漉し、赤い果肉と透明な液体に分ける。液体に塩少々を加えて味を調え、ゼラチンを入れゼリー状にする。②胡瓜をすりおろし、水気をきってトマトゼリーと合わせ、塩で味を調える。③ミニオクラは硬いガクの部分を包丁で切り取り、塩ゆでして氷水にとる。④水茄子とフルーツトマトは、適当な大きさに切る。⑤鱧は湯引きにする。⑥器に❸、❹を盛って❷をかけ、その上に❺をのせる。⑦天に、梅肉を裏漉しして煮切り酒でのばし、濃口醤油と砂糖で味を調えたものを盛る。

34

帆立貝　塩水雲丹
焼きとうもろこし

生湯葉／蓴菜／
とうもろこしすり流し

とうもろこしのすり流しに潜む
帆立貝と雲丹と生湯葉の
甘い四重奏

つくり方

①とうもろこしは皮付きのまま、蒸し器で蒸す。②皮をむいてラップで包んで冷まし、粒を芯から外す。さらにミキサーにかけて、裏漉す。昆布だしを入れてのばし、塩で味を調えて、すり流しをつくる。③器に、塩水雲丹、小角に切った帆立貝、生湯葉、蓴菜少々を盛り、焼きとうもろこしの粒を3粒ほど加え、❷を流し入れる。

35

毛蟹脚霜降り
蟹身蟹味噌和え

とうもろこしレタス包み／
蟹酢吉野酢あん／花穂

霜降りにして美しく花開かせた
毛蟹に豪快にかぶりつく贅沢

つくり方

①毛蟹の脚を外し、内側だけ殻を削ぐ。②鍋に昆布だしを沸かして❶を入れ、表面だけ色づいたら取り出して、熱いまま殻を外す。③毛蟹の胴体は酒蒸しにして中の身をほぐし、蟹味噌と和える。④ゆでたレタスにほぐした蟹の身ととうもろこしをのせ、包む。⑤吉野酢あんをつくる。鍋に二番だしを入れて米酢、薄口醤油、砂糖で味を調え、沸いたところに葛粉を溶く。これを冷やして。最後に生姜の搾り汁を加える。⑥器に❹を盛って、毛蟹を立て掛け、冷たい吉野酢あんをかけて花穂をあしらう。

36
殻付き雲丹
とうもろこしアイス

つくり方
①殻付き雲丹はさばいて掃除をし、２％の塩水に漬ける。②とうもろこしは蒸して実をほぐし取り、フードプロセッサーにかけて、裏漉しをする。冷凍庫で冷やし固め、パコジェットにかけてアイスクリームにする。③卵豆腐をつくり、冷やした後、フードプロセッサーにかけてすり流しにする。④雲丹の殻の中にとうもろこしのアイスを入れ、まわりに卵豆腐のすり流しを流し入れ、雲丹をのせる。仕上げにおろした青柚子をふる。

北海道・函館の紫雲丹と、
とうもろこしアイスの
素朴な甘さが共鳴する

37

車海老　夏野菜

それぞれの食感を生かして
仕立てた夏野菜と
天然車海老のお浸し

つくり方
①車海老は串を打ち、さっと霜降りにして氷水に落とす。②翡翠茄子をつくる。千両茄子を180℃の油で揚げて氷水に落とし、皮をむいて吸い地に漬ける。③黄パプリカは表面をバーナーで焼き、氷水に落とし、薄皮を取り除き、吸い地に漬けて焼き浸しにする。④アスパラガスとズッキーニは炭火で焼き、吸い地に漬けて焼き浸しにする。⑤ヤングコーンは180℃の油で揚げ、熱湯をかけて油切りをし、吸い地で炊く。⑥スナップエンドウは塩ゆでして、吸い地に漬ける。⑦フルーツトマトは熱湯に入れ、氷水に落として湯むきし、串切りにする。⑧ボウルに車海老、すべての夏野菜を食べやすい大きさに切って入れ、吸い地に濃口醤油、山葵、酢橘の搾り汁を混ぜた調味液とさっと和えて、彩りよく器に盛る。仕上げに青柚子をふる。

38

無花果　マスカット
アボカド　白和え

果物の味を引き立てる
白和え衣は、
白ワインを隠し味に

つくり方

①無花果は皮をむき、適当な大きさに切る。②マスカットは軸から外して、半分に切る。③アボカドは皮をむいて串形に切り、葛粉をつけて180℃の油でさっと唐揚げにする。④白和え衣をつくる。木綿豆腐に半日重石をし水気を切る。フードプロセッサーに入れ、白ワインでのばし、塩、砂糖、薄口醤油、濃口醤油、みりんを少量ずつ加え、最後に胡麻クリームを入れて味を調え、クリーム状にする。⑤器に❶、❷、❸を盛り、上から❹をかけ、青柚子をふる。

39

鮑　アスパラガス
蓮芋　葛煮

肝だれ

軽やかな歯ごたえが心地よい
淡味で葛仕立てにした、夏の一品

つくり方
①鮑は掃除をし、薄く大きめに切る。②鮑の肝は裏漉しして、煮切り酒と濃口醬油で味を調え、肝だれをつくる。③蓮芋は下ゆでし、3㎝幅に切る。④アスパラガスは硬い部分の皮をむき、約3㎝幅の短冊切りにする。⑤鍋に二番だし、塩、薄口醬油で味を調えて吸い地をつくり、吉野葛を加えて葛仕立てにする。沸騰したところに、❶、❸、❹を入れてひと煮立ちさせ、火を通す。⑥器に盛り、仕上げに❷をかける。

40

鱧湯引き　夏野菜あられ

梅肉／トマトゼリー／青柚子

目にも美しく涼やかな
季節の一皿が
献立の流れの印象を決める

つくり方

①フルーツトマト、茗荷、水茄子、もろ胡瓜はそれぞれ小角に切る。②水茄子ともろ胡瓜は、塩を加えた昆布だしに30分ほど漬けて下味をつける。③トマトゼリーをつくる。トマトは粗く刻んでミキサーにかけ、キッチンペーパーで一晩ゆっくり漉し、赤い果肉と透明な液体に分ける。液体に塩少々を加えて味を調え、ゼラチンを入れてゼリー状にする。④ボウルに❷、フルーツトマト、茗荷を和えて、ガラスの器に盛る。⑤その上に湯引きして粗熱をとった鱧をのせ、梅肉を裏漉しして煮切り酒でのばし、濃口醤油と砂糖で味を調えたものを添える。⑥仕上げに❸をかけ、おろし青柚子をふる。

41

活き鮎唐揚げ

鮎の背にたっぷりのせた
後味爽やかな柴漬けおろしが
ユーモラス

つくり方
①大根おろしを甘酢で和え、小角に切った柴漬け、もろ胡瓜を混ぜ合わせる。②活けの稚鮎を氷水で氷締めにする。まっすぐになるように串を刺し、葛粉をつけて170℃の油で水分がなくなるまで揚げる。③唐揚げにした稚鮎に薄塩をふり、その上に、❶、小角に切ったフルーツトマトをのせ、刻んだカイワレ大根をあしらう。

42

生雲丹
鮪二種黄身だれ

藁でたたきにした鮪のトロと
赤身のづけを、黄身だれと
生雲丹がまろやかに包み込む

つくり方
①鮪のとろは藁でいぶして香りをつける。②鮪の赤身は醤油2、だし1を合わせた中に漬ける。③鮪のたたきとづけを角切りにして器に盛り、卵黄に濃口醤油を合わせた黄身だれをかけて、雲丹をのせる。仕上げにフレークソルトと四万十川の川海苔を添える。

ほおずき八寸

ほおずきは、仏様の行灯代わり。色鮮やかな器に見立ててご馳走を盛り込む

お品書き

たこ湯引き　平貝
若布／ミニオクラ／酢ゼリー

鯵砧巻き
胡瓜／黄身酢

揚げもろこし真丈

本鮪トロ炙り
生雲丹　海苔和え

無花果
マスカット
白和え

43 たこ湯引き　平貝

若布／ミニオクラ／酢ゼリー

つくり方

①たこはぬめりをとって下処理し、吸盤を残して皮をむく。両側から蛇腹に包丁目を入れ、ひと口大に切る。②鍋に熱湯を沸かし、❶の表面だけを霜降りにし、氷水に落として粗熱をとり、乾いた布巾などでよく拭く。③平貝は殻から外して下処理をする。表面だけバーナーで炙って焼霜にし、ひと口大に切る。④若布は軸を除き、ひと口大に切る。ミニオクラは硬いガクの部分を落とし、塩ゆでにする。⑤鍋に二番出汁を入れ、米酢、濃口醤油、砂糖で味を調える。全体の量の３％の板ゼラチンを入れ、酢ゼリーをつくる。⑥ほおずきの中に、全部を盛り付けて❺をかけ酢橘の輪切りを添える。

44

鰺砧巻き

胡瓜／黄身酢

つくり方

①鰺は水洗いし、三枚におろす。中骨を抜き、両面に強塩をし１時間置く。②水にさらして表面の塩を洗い落とし、さらに１時間米酢に漬ける。③胡瓜はかつらむきにし、２％の塩水に昆布を入れた立塩に１時間ほど漬ける。④❷の腹骨をすいて皮をはぎ、さく取りにする。それを❸で巻き、砧巻きにする。⑤ボウルに卵の黄身、レモン汁と砂糖、煮切り酒を入れて湯煎にかけ黄身酢をつくり、さらになめらかになるよう裏漉す。⑥ほおずきの中に輪切りにした❹を盛り、❺をかける。

45 揚げもろこし真丈

つくり方
①とうもろこしはゆでて、包丁で実を芯から外し、粒だけにする。②魚のすり身に、卵黄と油を混ぜた〝玉子の素〟を適量入れて、真丈の生地をつくり❶と合わせる。真丈生地３に対して、とうもろこし１の割合。これを丸めて蒸し器で10分ほど蒸す。③蒸し上がった❷を冷まし、180℃の油で素揚げにする。④ほおずきの中に盛り付ける。

46 本鮪トロ炙り 生雲丹 海苔和え

つくり方
①本鮪のトロを串に刺して藁で炙り、焼き目と香りをつける。②❶を角切りにし、濃口醤油、山葵、ちぎった海苔で和える。③ほおずきの中に盛り付け、上に生雲丹をのせる。

47 無花果 マスカット 白和え

つくり方
①生の無花果の皮をむき、ひと口大に切る。②マスカットは皮がついたまま半分に切る。③水切りした豆腐をフードプロセッサーにかけ、塩、砂糖、薄口醤油、濃口醤油、味醂、白ワインで味を調え、ふわっとした白和え衣をつくる。④ほおずきの中に、❶と❷を交互に盛り付け、❸をかける。

48

蓮の葉盛り

毛蟹脚／蟹味噌／黄身酢／
蟹身三つ葉和え／蟹生姜酢／
フルーツトマト／
バジルゼリー寄せ

霧を吹いた大きな蓮の葉に毛蟹を盛り込み涼感を演出

つくり方

①鍋に水、フレッシュなバジルを入れて火にかけ、バジルの香りを抽出し、塩で味を調える。分量の3％の板ゼラチンを入れ、バジルゼリーをつくる。②流し缶に半分に切ったフルーツトマトを並べて、バジルゼリーを入れ、冷やし固める。③毛蟹の脚は霜降りにして、殻から外す。④毛蟹の身は酒蒸しにして身をほぐし、三つ葉と和える。⑤ボウルにだし、米酢、薄口醤油　砂糖を入れて味を調え、生姜の搾り汁を加えて蟹酢をつくる。⑥蓮の葉にひと口大に切った❷を盛り、❸、❹をのせて❺をかける。仕上げに蟹味噌と黄身酢を蟹脚の上に盛る。

49

鮑素麺

つくり方
①活鮑の表面をたわしでこすり、下処理をする。②肝は外して裏漉しし、煮切り酒と濃口醤油で味を調えて肝だれをつくる。③鮑をおろし金ですりおろしてフードプロセッサーに入れ、吸い地でのばし、鮑のすり流しをつくる。④鍋に、二番だし８、濃口醤油１、味醂１の割合で入れて火にかけ、素麺つゆをつくり冷やしておく。⑤素麺を湯がいて氷水に落とし、冷たくする。⑥器に水気をきった❺を盛って❹を適量入れ、❸をかける。⑦仕上げにひと口大に切った蒸し鮑をのせて❷をかけ、芽葱を飾り、おろした青柚子をふる。

夏のスペシャリテの
鮑のすり流しと素麺は、
するすると喉ごしよく

50

鰻ざく

鰻蒲焼／白瓜雷干し／
若布／くらげ／針生姜

小気味よい歯ごたえの雷干しが
芳ばしい天然大鰻蒲焼の
美味しさを引き立てる

つくり方
①白瓜雷干しをつくる。白瓜は筒抜きを真ん中に刺し、中の種を抜き、螺旋状に包丁を入れる。塩で味を調えた昆布だしに半日ほど漬ける。さらに、半日ほど風干しにする。②❶、水に戻した若布は食べやすい大きさに切る。③塩くらげは下処理をして甘酢に漬け、適当な大きさに切る。④鍋に二番だし、米酢、濃口醤油、砂糖を入れて火にかけ、土佐酢をつくる。⑤ボウルに❷、❸、針生姜を入れ❹で和える。⑥器に❺、適当な大きさに切った天然大鰻の蒲焼を盛り付ける。

51

鱧湯引き

梅肉／たたきオクラ／
フルーツトマト／蓴菜／
梅素麺／うまみだし

冷たい梅素麺と夏野菜に
湯引きしたての
ほんのり温かい鱧が好相性

つくり方

①オクラは硬いガクの部分を切り取って塩ゆでし、氷水に落とし、細かく包丁でたたく。②蓴菜はさっと霜降りにする。③フルーツトマトは適当な大きさに切る。④鍋に二番だし10、薄口醤油１、味醂１の割合で入れて火にかけ、麺つゆをつくる。⑤梅素麺はゆでて氷水に落として水気をきり、ガラスの器に盛る。⑥その上に❷、❶、❸の順に入れて❹を張り、湯引きをした鱧をのせ、天に梅肉をのせる。

52

塩水雲丹　車海老　伊勢海老昆布〆
帆立貝昆布〆　生このこ和え

蓮芋浸し／フィンガーライム／針
ラディッシュ／向酢ゼリー／花穂

一瞬でその世界を表現する
現代作家の迫力ある器を用い
大胆に盛り込む

つくり方
①伊勢海老は殻をむき、薄く塩をして昆布締めにする。②帆立は掃除をして、薄く塩をし昆布締めにする。③昆布締めにした❶、❷を小角に切る。④車海老は串を刺して熱湯をくぐらせ、さっと霜降りをして氷水に落とす。殻をむいて同じように小角に切る。⑤ボウルに❸、❹を入れ、生このこ、フィンガーライム、針ラディッシュを入れて和える。⑥器にお浸しにした蓮芋を敷き、❺を盛り、塩水雲丹をのせる。⑦仕上げに向酢ゼリーをかけて、花穂を散らす。

53

蒸し鮑

水茄子／茗荷／いんげん／若布／小メロン／割醤油／酢橘／山葵

やわらかな蒸し鮑と
歯ごたえのいい野菜は
バランスの妙が要

つくり方

①鮑は300〜400ｇの大きなものを用いる。たわしで表面の汚れをこすり落として、殻から外し身と肝に分ける。②身に日本酒をふり、6時間ほどゆっくり蒸してやわらかくする。③水茄子は適当な大きさに切る。茗荷は針状に切る。いんげんは下ゆでし、冷水にとる。若布は水で戻して適当な大きさに切る。④小メロンは包丁で切り分け、昆布だしに塩を入れた立塩に漬ける。⑤ボウルに食べやすい大きさに切った蒸し鮑、❸、❹を入れ、濃口醤油とだし同割の割り醤油、酢橘の搾り汁、おろし山葵でざっくり和えて器に盛る。

54

本鮪トロ炙り
アオリイカ
万願寺姿寿し

たくあん／胡麻／海苔／
黄身醤油／芽葱

嬉しい驚きの
万願寺姿寿しに
美味を重ねる

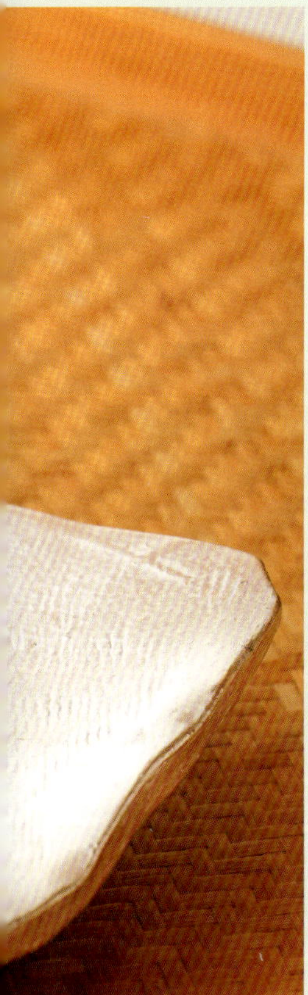

つくり方
①万願寺唐辛子は180℃の油で揚げて、氷水に落とす。中の種を抜き、表面の皮を掃除する。②鍋に二番だし8、濃口醤油1、味醂1の割合で合わせて、さっと火を入れ、天つゆをつくる。③❷に❶を漬け、揚げ浸しにする。④鮪の大トロを串に刺し、藁で炙って香りをつけ、小角に切る。⑤アオリイカは下処理をし、両面から蛇腹に包丁目を入れ、小角に切る。⑥たくあんは細かいあられ切りにする。⑦万願寺唐辛子の中に胡麻を混ぜた寿し飯を詰める。食べる前に温めて、蒸し寿司にする。⑧その上にちぎった海苔、❻、❹、❺を盛り付ける。⑨仕上げに黄身醤油をかけ、芽葱をあしらう。

55 蒸し鮑　枝豆　肝雑炊

鮑の美味しさを余すことなく
ダイレクトに味わい尽くす
和のリゾット

つくり方
①鮑はたわしで表面の汚れをこすり落として、殻から外し身と肝に分ける。身に日本酒をふり、6時間ほどゆっくり蒸してやわらかくする。②鍋に太白胡麻油をひき、生米を入れて炒め、蛤を煮出しただしを加える。③米の芯が残るくらいの雑炊にし、裏漉しした鮑の生の肝を入れ、塩で味を調える。④器に❸、ゆでた枝豆を盛り、柔らかく蒸した鮑をのせる。⑤裏漉しした肝を煮切り酒、濃口醤油で味を調えたたれを上からかける。

56

毛蟹　万願寺唐辛子姿寿し

胡麻／大葉／じゃこ

万願寺の上に蟹の身を
こぼれんばかりにのせた
温かな蒸し寿し

つくり方

①鍋に二番だし８、濃口醤油１、味醂１の割合で入れ、一度沸かして冷ます。②その中に、170℃の油で揚げた万願寺唐辛子を10分漬け込み、揚げ浸しにする。③❷の真ん中に包丁を入れ、種を取り、胡麻、大葉、じゃこを混ぜた寿し飯を詰める。さらに蒸し器に入れ、蒸し寿司にする。④酒蒸しにした毛蟹の身を温めて、❸の上に盛り、仕上げにおろした青柚子をふる。

全ては最初の〝先付〟で決まる

先付は自由。
季節という定義を踏まえれば、
想像力は無限大。

料理人は、献立の幕開けである先付、付き出しについて、日々、悩んでいます。もし、そこで悩まないような料理人なら、その献立に魅力はありません。料理を前にして、お客さまが頭の中で想定するものを少しだけでも超えていかないと、料理人としての進歩はないと思います。

先付は自由です。もちろん季節という大前提はありますが、季節というその定義さえ踏まえれば自由。つまり、その想像力は無限大です。季節感がある素朴な和え物やちょっとしたお浸し一つでも、器などの選び方で大きくデザインが変わってきます。また、量や仕立て方によっても感じ方は違ってきます。ですから、料理人の技量や個性が一番出るのは、先付、付き出しなのです。

最初の料理が決まると、次の料理も決まるため、先付、付き出しが献立の流れを決める一番重要なカギを握ります。たとえば〝驚き〟から始めるにしても、わーっと華やかに見せる驚きなのか、蓋を開けたときに湯気が立ってふわっと香るような驚きなのか、アプローチは一〇〇も一〇〇〇も一万も無限大にあります。

私にとっての先付、付き出しは、お椀にいくまでにどんな流れでいくか。決め事はありませんから、毎回自由に一〇〜二〇通りのアイディアを出して、ひたすら考えます。

やり方はこうです。まず、翌月の食材を残らず書き出して、机の上に並べます。そうすると頭の中がその世界観になってきますから、「あ、栗を忘れていたな」とか思うわけです。そこに歳時記や節句、器などを思い浮かべながら、頭の中でパズルを解いていきます。それでいてお客さまが想像しているものとは、ちょっと違うところに落とし込まないと面白くありません。そして滑らないように、こけないように、外さないように心がけます。

刺身やお椀はある程度、型が決まっています。たとえば、新しい魚を見つけてくるのは難しいものです。ところが先付、付き出しというのは、使う食材は生でもよければ、焼いても蒸しても、お浸しにしてもいい。料理技法は何をやってもいいし、どう組み合わせてもいいんです。

ちょっとした和え物でも丁寧に仕立てることにより、季節を感じられ、印象も変わります。何品かを続けて出すときは、食材や料理法によっての緩急や強弱も大切です。

そして、どこかで意表を突くこと。

お客さまも日本の文化や伝統をよくご存じなので、いつもとは何か少し違うところを見せることが、料理人としての個性を表現することであり、現代に求められていることではないかと思っています。

また、そうすることでお客さまに楽しい献立の幕開けを見せることができ、料理人も豊かな創造性を持ち、刺激的で魅力的な先付、付き出しを提供できるのではないかと思います。

秋の先付 付き出し

秋の先付と付き出し
——秋は豊穣〝実り〟の季節です。

収穫の秋には、人々はその実りを何よりも喜び、各地で祭りも数多く催されます。一方で、深まる秋は自然界が枯れていこうとする時季でもあります。これが日本人の美意識と共鳴します。色彩もオレンジだったり茶色だったり、やがて黄昏れていく風景です。重陽の菊釜や月見八寸など、そうした自然界の移り変わりを料理で感じさせ、表現できるのも日本料理の特徴の一つです。

月見八寸

月夜の宴に並んだ
食べごたえのある
見目麗しい料理の数々

お品書き六種

うさぎ香合　たこ五目豆煮（大豆、ごぼう、人参、椎茸、蓮根、こんにゃく）
かぼす釜　いくら醤油漬け／小松菜／平茸／薄揚げお浸し
うさぎ盃　伊勢海老昆布〆／生このこ／向酢／菊花
新秋刀魚棒寿し　酢橘
鮎風干し炭火焼き
丸十芋蜜煮茶巾しぼり

57

うさぎ香合

たこ五目豆煮（大豆、ごぼう、人参、椎茸、蓮根、こんにゃく）

つくり方
①たこは片栗粉をまぶしてよく揉み、ぬめりを取り、下処理をする。足を切り分け、さっと熱湯をくぐらせて霜降りにする。②ごぼう、人参、椎茸、蓮根、こんにゃくはすべて、大豆と同じくらいの大きさに切る。③鍋に❶、戻した大豆、❷を入れて水を張り、全体の量の20％の日本酒を加えて火にかける。沸いてきたらアクをすくいながら、たこが柔らかくなるまで、１時間ほど炊く。④濃口醤油、砂糖で味を調え、さらに30分ほど炊いて味を含ませる。

58 かぼす釜

いくら醤油漬け／小松菜／平茸／薄揚げお浸し

つくり方

①いくらは80℃のお湯に浸して、薄皮を取る。②鍋に日本酒7、味醂3を沸かして、アルコールをとばし、冷めたところに全体の量の半分の濃口醤油を加える。③❷に❶を漬け、醤油漬けにする。④小松菜は塩ゆでして氷水に落とし、粗熱をとり水気をよく絞る。さらにかぼす釜に入る寸法に切る。⑤平茸は軸を掃除し、適当な大きさに切る。薄揚げも適当な大きさに切り、平茸と一緒に吸い地で炊く。冷めたところに❹を加え、お浸しにする。⑥かぼすを菊の花の形に抜き、❺を盛り、❸を上からかける。仕上げに、おろした青柚子をふる。

59

うさぎ盃

伊勢海老昆布〆／生このこ／向酢／菊花

つくり方

① 活伊勢海老の殻をはずし、昆布の上に置いて薄く塩をふり、昆布締めにする。

② 器に盛って向酢をかけ、生このこ、菊花を添える。

60 新秋刀魚棒寿し

酢橘

つくり方

①秋刀魚は水洗いして下処理する。三枚におろして骨を抜き、塩を10分あてる。②表面の塩をよく洗い流して、米酢に５分ほど浸し、酢締めにして薄皮をむく。③巻きすで寿し飯と❷を巻き、棒寿しにする。④食べやすい大きさに切り、酢橘の輪切りを挟む。

61 鮎風干し炭火焼き

つくり方
①鮎は背開きにし、中骨を取り、塩を1時間ほどあてる。②水で表面の塩をほどよく洗い流した後、日本酒で洗い、風干しにする。③風干しにした鮎を炭火でさっと炙る。

62
丸十芋蜜煮茶巾しぼり

つくり方
①さつま芋の皮をむく。②鍋に水、砂糖、❶を入れて火にかけ、蜜煮にする。③蜜煮にしたさつま芋を裏漉しし、さらしで茶巾にしぼる。④仕上げに表面をさっと炙って焼き目をつける。

63
熊肉　小松菜
新取菜　大椎茸
油揚げ　温浸し

旨みたっぷりの熊肉と
秋野菜を存分に味わう
山里の温かなご馳走

つくり方

①熊のバラ肉は薄くスライスする。②小松菜、新取菜は塩ゆでして粗熱をとり、ぎゅっと絞って、ひと口大に切り分ける。③椎茸は適当な大きさに切る。油揚げは熱湯をかけて油抜きして適当な大きさに切り、椎茸と一緒に吸い地で下炊きする。④二番だし、塩と薄口醤油で味を調えた浸し地をつくり、❷、❸を加えて、お浸しにする。⑤器に温めた❹、濃口醤油でさっと洗い、吸い地でしゃぶしゃぶにした❶を盛り合わせる。仕上げに刻んだ黄柚子皮をのせる。

64

毛蟹脚しゃぶ

蟹味噌／蒸し鮑／
若布／酢ゼリー

ご馳走は大ぶりに切り、
大胆に盛り付けて
凛とした強い印象を残す

つくり方

①毛蟹の脚は殻をむき、湯の中でしゃぶしゃぶにし粗熱をとる。②鮑は下処理をし、6時間ほど蒸し器でやわらかく蒸す。③酢ゼリーをつくる米酢を水で割り、砂糖、薄口醤油で味を調える。分量の3％の板ゼラチンを入れて固め、ゼリー状にし、ほぐす。④器に食べやすい大きさに切った若布、❷、蟹味噌、❶を盛り、仕上げに酢ゼリーをかける。

65

秋刀魚柚庵焼き

ほうれん草 菊花 薄揚げ浸し／焼き松茸／いくら醤油漬け

蓋物に盛り込み
期待以上の取り合わせで
驚かせる

つくり方
①秋刀魚は水洗いし下処理して、三枚におろす。中骨を取り、柚庵地に10分ほど漬ける。②ほうれん草は塩ゆでにしてよく絞り、ひと口大に切って吸い地につける。③薄揚げに熱湯をかけて表面の油を抜き、ひと口大に切って吸い地で炊く。冷めたところに❶を加え、お浸しにする。④菊花は掃除をし、花びらだけにし、沸騰したお湯に酢を少々入れ、下茹でする。氷水で粗熱を取り、よく水気を絞り、❸と合わせる。⑤松茸は串に刺し、炭火で焼き、適当な大きさに裂く。⑥器に温めた❹を盛り、❺と炭火で焼いた秋刀魚の柚庵焼きをのせ、仕上げにいくら醤油漬けを上からかける。

重陽菊釜八寸

月見の宴に
菊花に見立てたかぼす釜に
さまざまな酒肴を盛り込む

お品書き

毛蟹　菊菜浸し

いくら醤油漬け
じゃこ蒸し寿し　青柚子

たこ大船煮
大豆／大根／人参／椎茸／ごぼう／こんにゃく／木の芽

鮪トロたたき
オクラ海苔和え／黄身醤油

甘鯛昆布〆
木の子三つ葉おろし和え／生このこ

66
毛蟹 菊菜浸し

つくり方
①毛蟹の身は酒蒸しにして身をほぐす。②菊菜はさっとゆでて吸い地に漬ける。③かぼす釜に❷を盛り、上に❶をのせる。

67
いくら醤油漬け じゃこ蒸し寿し
青柚子

つくり方
①いくらは80℃のお湯に浸して、薄皮を取る。②鍋に日本酒7、味醂3を沸かして、アルコールを飛ばし、冷めたところに全体の量の半分の濃口醤油を加える。③❷に❶を漬け、醤油漬けにする。④寿し飯に、じゃこ、刻んだ大葉、煎った白胡麻を入れて混ぜ合わせ、じゃこ寿しをつくる。⑤食べる前にさっと蒸して温めてから、かぼす釜に盛り、上から❸をのせ、おろした青柚子をふる。

68

たこ大船煮

大豆／大根／人参／椎茸／ごぼう／こんにゃく／木の芽

つくり方

①活けたこは表面に片栗粉をまぶし、手でよくしごいてぬめりを取る。流水でよく洗い、片栗粉を落として水気をきれいに拭き、足を1本ずつばらす。②熱湯をかけて霜降りし、氷水に落として粗熱をとり、表面をきれいに拭く。③大豆は一晩戻し、大根と人参はくり抜き器でくり抜き、椎茸は4～6等分に切る。ごぼうは乱切り、こんにゃくは食べやすい大きさに切る。④だしに大豆、ごぼう、椎茸、こんにゃく、たこを入れてやわらかくなるまで煮る。さらに濃口醤油、砂糖、ほんの少しの味醂を加えて3時間煮る。煮上がる1時間前に、大根、人参を加えて煮含め、粗熱がとれたらかぼす釜に盛り、木の芽を添える。

69 鮪トロたたき

オクラ海苔和え／黄身醤油

つくり方
①鮪のトロは、藁でいぶしてたたきにする。②オクラは硬いガクを取って塩ゆでし、吸い地につけてお浸しにする。③❷をぶつ切りにし、ちぎった海苔と合わせて海苔和えにする。④❶を小角に切り、かぼす釜に❸と共に盛り込み、上から黄身醤油をかける。

70

甘鯛昆布〆
木の子三つ葉おろし和え／生このこ

つくり方

①甘鯛は水洗いして三枚におろし、骨を抜いて下処理をし、昆布締めにする。②木の子数種類を下ゆでし、吸い地に漬けてお浸しにする。③三つ葉は塩ゆでにする。④ボウルに大根おろし、薄口醤油、濃口醤油、酢橘の絞り汁を入れて混ぜ、角切りにした❶、❷、❸をざっくりと和える。⑤かぼす釜に盛り、上に生このこをかける。

71

車海老　真鯛塩〆　関鯖

翡翠茄子／柿酢おろし

鮮やかな柿の葉一枚に
三種類の刺身をのせて
秋の景色を鮮やかに描く。

つくり方
①車海老は串に刺して熱湯に入れ、表面が色づいたら氷水に落として粗熱を取り、ひと口大に切る。②真鯛は下処理をして三枚におろし、さくにする。さらに皮をひき、表面に薄く塩をあてて塩締めにし、へぎ造りにする。③関鯖は三枚におろして骨を抜き、薄皮をはいで生のままへぎ造りにする。④翡翠茄子をつくる。千両茄子の天地を切って、皮に竹串を打ち、180℃の油で色よく火が通るまで揚げる。氷水に落として粗熱をとり、皮をむき、吸い地につけて味を含ませる。⑤二番だしに柿酢、薄口醤油、砂糖を入れて味を調える。生柿をおろして加え、柿酢おろしをつくる。⑥器に柿の葉を敷き、❹と刺身を盛り付け、上から柿酢おろしをかけ、丸くくり抜いた生柿をあしらう。

72

魳(かます)炭火焼　焼き松茸
ほうれん草／いくらおろし

斬新な割山椒の器から浮かんだ
インスピレーションは
〝何かが生まれる〟
遊び心を刺激する一品

つくり方
①魳は下処理をして三枚におろす。軽く塩をして串を刺し、炭火で焼く。②松茸は掃除をして、同じく炭火で焼く。③器に❶、ほうれん草の軸のお浸し、❷をのせ、大根おろしで和えた、いくらの醤油漬けをのせる。

73

すっぽん茶碗蒸し

ふかひれ／葛素麺／芽葱／生姜

実だくさんの茶碗蒸しは
寒い冬にふさわしい
温かな付き出し

つくり方

①すっぽんは四つほどきにし、水、日本酒、昆布を加えて1時間ゆでる。ゆで汁にそのままつけて少し置き、身を取り出して、水1ℓ、日本酒200㎖、濃口醤油120㎖、味醂100㎖の煮汁で煮て、身とエンペラを小角に切る。②ふかひれは一度水で洗い、だし、塩、薄口醤油の吸い地で炊く。③器にすっぽんを入れて、卵液（卵3個に対して吸い地をお玉2杯）を加え、90℃で12分蒸す。④すっぽんのゆで汁を塩、薄口醤油で調味し、水溶き葛粉でとろみをつけて、ふかひれを加える。⑤茶碗蒸しに、ゆでた葛素麺をのせ、ふかひれ入りの餡をかけて、おろし生姜と芽葱をあしらう。

寄せ向

各人異なる器で供する
侘び寂びの趣向〝寄せ向〟に、
献立のスタートにふさわしい
名残の酒肴を盛る

74 真名鰹　松茸フライ

甘酢あんかけ／揚げ銀杏

つくり方

①真名鰹は棒状に切って、フライの衣をつけ、180℃の油で揚げる。②松茸は半分に割り、同じくフライにする。③銀杏は180℃の油で素揚げにする。④鍋に二番だしを入れて、米酢、濃口醬油、砂糖で味を調え、葛粉を溶いて甘酢あんをつくる。⑤器に❶、❷、❸を盛り、仕上げに❹をかける。

75

車海老　柿　マスカット
無花果　白和え

つくり方
①車海老は串を打ち、熱湯に入れてさっと霜降りにする。②柿は皮をむいて、くり剥き器で丸くくり抜く。③白和え衣をつくる。木綿豆腐に半日重石をし水気を切る。フードプロセッサーに入れ、白ワインでのばし、塩、砂糖、薄口醤油、濃口醤油、味醂を少量ずつ加え、最後に胡麻クリームを入れて味を調え、クリーム状にする。④マスカットは半割、無花果は皮をむいて串形に切る。⑤器に柿の葉を敷き、白和え衣と果物、車海老を重ねながら彩りよく盛り、天に白胡麻をあしらう。

76 きんき皮霜

白髪葱／芽葱／菊花／紫芽／ぽん酢ゼリー

つくり方

①きんきは下処理をして三枚におろし、中骨を抜く。②皮目にさっと熱湯をかけ、氷水に落として粗熱を取り、水気を拭いて皮霜造りにする。③橙の搾り汁1個分と同量の濃口醤油、煮切り酒を適量合わせ、鰹節、昆布を加えて3日ほど冷蔵庫でねかせてぽん酢をつくる。昆布と鰹節の旨味がでたところで、昆布と鰹節は取り除く。さらに全体量の3％の板ゼラチンを入れ、ぽん酢ゼリーをつくる。④器に❷を盛り、❸をかけ、白髪葱と芽葱を合わせたものを添える。仕上げに生の菊花と紫芽を添える。

77

甘鯛炭火焼き
焼き松茸
揚げ銀杏

つくり方

①甘鯛は割り下に漬けて炭火で焼き、柚庵焼きにする。②松茸は割り下を塗って、炭火でたれ焼きにする。銀杏は揚げて塩をふる。③器に全てを盛り合わせる。

78 〆鯖　車海老 子持ち昆布 金目鯛昆布〆 木ノ子いくらおろし和え

つくり方

①鯖は水洗いして三枚におろし、中骨を抜き、強塩をして1時間置く。流水で塩を洗い、表面の水気を拭き取り、米酢に1時間ほど漬けて〆鯖にする。腹骨を取り、薄皮をむく。②車海老は串を打ち、表面だけを霜降りにする。③塩漬けの子持ち昆布をボウルに入れ、流水で塩を洗い流す。さく取りしてひと口大の大きさに切ってざるに入れ、もう一度流水で塩抜きをする。塩が抜けたら、水気をよく拭き、薄口醤油を回しかけて下味を軽くつけ、ざるに取る。さらに二番だし9、薄口醤油1の割合の地に漬ける。④金目鯛は水洗いをし下処理をして薄く塩をふり、昆布締めにする。⑤木の子はさっとゆでて、吸い地につけてお浸しにする。⑥❶、❷、❸、❹をそれぞれ適当な大きさに切り、❺で和え、いくらの醤油漬けを上からかける。⑦仕上げに青柚子をふる。

79

渡り蟹　車海老
若布　酢ゼリー

つくり方

①渡り蟹は表面をたわしでよく洗い、日本酒をふり、蒸し器で20分ほど酒蒸しにする。②酒蒸しした渡り蟹の殻を外し、身を取り出す。③車海老は串を打ち、熱湯に入れて、さっと霜降りにする。④若布は水で戻し、適当な大きさに切る。⑤器に若布、渡り蟹、車海老を盛り付け、仕上げに酢ゼリーをかける。

80

真名鰹フライ　生雲丹
柚子玉味噌
無花果白和え

創作性に富んだ二つの味の
絶妙なバランスが
食べ手の期待を盛り上げる

「真名鰹フライ」のつくり方
①真名鰹は四方形に切って薄塩をし、細かいパン粉をつけてフライにする。②鍋に白味噌、卵、砂糖、日本酒を入れて、弱火で練り上げ玉味噌をつくる。冷めたら、柚子の搾り汁と柚子皮をおろしたものを加え、柚子玉味噌にする。③❶を松葉串に刺し、その上に温めた❷をかけ、さらに生雲丹をのせる。仕上げにおろした柚子をふる。

「無花果白和え」のつくり方
①生の無花果は皮をむき、ひと口大に切る。②水切りした豆腐をフードプロセッサーにかけ、塩、砂糖、薄口醤油、濃口醤油、味醂、白ワインで味を調え、ふわっとした白和え衣をつくる。③❶を盛って、上に❷をかけ、刻んだアーモンドをのせる。

八寸、盛り込みに欠かせない心得

まず、日本料理の
基本の〝き〟を知らなければ
新しいものを生み出すことはできません。

八寸や盛り込みは、その月の行事や節句などを、献立の幕開けとしてわかりやすく表現したものです。たとえば花見や月見、団扇に盛ったほおずき、茅の輪くぐりなど、一目見てわかるような世界観で幕を開けます。

考えなくてはならないのは、そのボリューム感です。八寸を供する場合には、それが献立全体のどのくらいの量を占めているかを、きちんと計算しなければなりません。何皿くらいの量に相当するのかを見極めて、流れを決めるようにします。

温かい、冷たいといった温度感や、和える、浸す、焼く、揚げるなどの料理の技法も含め、見た目はもちろんのこと、お客さまの口に入る全ての料理の温度や食感をイメージして料理を考えます。

あしらいや器も大事です。野にある草花や葉っぱなどは、とてもわかりやすく季節を表します。器では、たとえば春の桜が描いてあるもの、名月や紅葉が描いてあるもの、雪笹のような冬景色が描いてあるものがあります。そうした器は、世界の料理ではほとんど見当たりません。片や、日本料理は色や形が自由なさまざまな器を使って、より季節感を色濃く演出できます。また、器を介してお客さまとのやりとりも成り立ちます。これは日本料理ならではの文化です。

何故、器の形が自由かといえば、箸で食べるからです。和食器には蓋の付いているものもあれば、背が高いもの、複雑な形のものなど数多くあり、料理そのものをよりドレスアップしてくれます。また、一品だけでは勝てない料理もあります。そうした場合は八寸や盛り込みのように小さい料理をまとめて見せたほうが、全体のバランスや華やかさを表現できることも多いのです。

八寸はある程度、型が決まっています。今も料亭などでは脈々と続いていますが、私の年代になると、一度、八寸をやめた方も結構いらっしゃいます。そして、それをまたリメイクし、改めて献立に取り入れている方もいます。

若い料理人の方は、「そもそも日本料理の定義とは何か」というところから始めるのがいいかもしれません。いわば、基本の〝き〟です。

それができないと、そこからの〝くずし〟や、違う組み合わせといった新しいバリエーション、意外性が生まれません。

まずは茶懐石や、老舗料亭の本などを開いてみてください。茶懐石はあくまでもお茶を喫するためのもので、現代とは少し違いますが、その月にしか使ってはいけない旬の食材が明確だったりします。

もちろん料理は自由でいいのですが、きちんと知っていることは大事だと思います。基本から大きく外れることは、やはり日本料理ではありませんから。季節を外れてしまったり、旬を外れてしまったり、お客さまのおもてなしの気持ちを外してしまったりしては駄目なのです。

最近ではお付き合いのある現代陶芸作家さんに、さまざまな器づくりに挑戦してもらっているので、その器を眺めながら先付や付き出しを決めることも多くなりました。感性が刺激される器を前にして、「これに何を盛ろうか」と必死で考えるわけです。そうはいっても、決めた後に違う器に盛ることも多々ありますけれども(笑)。

料理人なら、新しい料理を考えることから逃げてはいけません。楽をしてはいけません。まだまだ考えれば、もっともっと考えれば、必ず新しい何かが生まれるはずです。

吹き寄せ八寸

秋の吹き寄せの酒肴には
手をかけた珍味や
刺身が色よく映える

お品書き

鰆藁たたき　葱胡麻酢醤油だれ
秋刀魚　ごぼう　唐揚げ　実山椒だれ
柿　巨峰　帆立貝　白和え
かぼす釜
菊菜／菊花／松茸／大徳寺麩／焼き巻湯葉
たこ焼き真丈揚げ
甘だれ／糸かつお
伊勢海老昆布〆　向酢／唐墨
揚げ銀杏

81

鰆藁たたき
葱胡麻酢醤油だれ

つくり方
①鰆は三枚におろしてさく取りし、さくを三等分して串を刺し、藁で炙り、たたきにする。②トマトは湯引きして皮をむき、種を取って小角に切る。③胡麻酢醤油だれをつくる。白葱はみじん切りにして、水によくさらす。ボウルに濃口醤油２、米酢１、太白胡麻油適量を入れ、そこに白葱、切り胡麻、一味唐辛子を少々入れて混ぜ合わせる。④鰆はへぎ造りにして器に盛り、❸をかける。⑤銀杏は殻をむき、180℃の油で揚げ、薄皮をむき、塩をふる。

82

秋刀魚　ごぼう　唐揚げ

実山椒だれ

つくり方

①秋刀魚は三枚におろし、骨を抜いてひと口大に切る。②ごぼうはたわしで洗って汚れを落とし、棒状に切る。③実山椒だれをつくる。甘辛く煮た実山椒をあたり鉢に入れて粗めにすり、濃口醬油１、味醂１、日本酒１の割合で味を調える。④❶、❷に葛粉をまぶし、180℃の油で唐揚げにし、熱いうちに実山椒だれに絡めて、器に盛り付ける。

83 柿　巨峰　帆立貝　白和え

つくり方
①柿は皮をむき、くり抜き器で丸くくり抜く。②巨峰はさっと熱湯で霜降りにして、皮をむく。③帆立は表面を炙って焼霜にし、ひと口大に切る。④白和え衣をつくる。木綿豆腐に半日重石をし水気を切る。フードプロセッサーに入れ、白ワインでのばし、塩、砂糖、薄口醤油、濃口醤油、味醂を少量ずつ加え、最後に胡麻クリームを入れて味を調え、クリーム状にする。⑤❶、❷、❸を❹で和えて、仕上げに炒ったアーモンドを刻んでのせる。

84

かぼす釜

菊菜／菊花／松茸／大徳寺麩／焼き巻湯葉

つくり方

①菊菜は軸から外し、葉の部分だけを塩ゆでして氷水に落とし、粗熱をとり水気をよくきる。②菊花は花弁だけにして、熱湯に酢、塩を入れた中でゆでて氷水に落とし、ぎゅーっと絞る。③松茸は掃除をして包丁で刻む。④鍋に二番だし、❸を入れて火にかけ、塩と薄口醤油で味を調え冷ます。そこに❶、❷を加え、お浸しにする。⑤大徳寺麩は熱湯をかけ、表面の油を落とし、ぎゅっと絞って水気を切る。鍋に二番だしを入れて火にかけ、塩と薄口醤油で味を調え、大徳寺麩を炊く。⑥巻き湯葉は串に刺して炭火で炙り、表面に焼き目をつける。鍋に二番だしを入れて火にかけ、塩と薄口醤油で味を調えて巻湯葉を炊き、冷めたらひと口大に切る。⑦かぼすを菊の花に型取り、中をくり抜き、温めたお浸し、大徳寺麩、巻湯葉を盛り付ける。

85 たこ焼き真丈揚げ

甘だれ／糸かつお

つくり方

①ボウルにいかのすり身、卵黄と油を混ぜた〝玉子の素〟を適量入れ、生地をつくり、刻んだ紅生姜を混ぜる。②ゆでたたこをひと口大に切って❶で包んで丸め、180℃の油で素揚げにする。③中濃ソースと割り下を合わせて甘だれをつくり、串に刺した❷にかけ、青海苔と糸かつおをふる。

86

伊勢海老昆布〆

向酢／唐墨

つくり方
①伊勢海老は殻から外し、掃除をして身だけにして半分に切り、薄く塩をして10分ほど置く。さらに、昆布に6時間ほど挟んで昆布締めにする。②❶をひと口大に切り、上からレモンの搾り汁、煮切り酒、薄口醤油を合わせた向酢をかける。仕上げに薄く切った唐墨を上にのせる。

87

月見八寸

月夜に流れる横笛の調べ。
盛り込んだ美しい八寸に
深まりゆく秋を愛でる

お品書き

毛蟹コロッケ
秋刀魚棒寿し
松茸牛肉巻き焼き
つぶ貝旨煮
いか塩〆　焼き椎茸　長芋
むかご　三つ葉　明太和え
厚焼き玉子
ぼたん海老昆布〆
生雲丹　菊花　向酢

「毛蟹コロッケ」のつくり方
①フライパンに太白胡麻油を熱して、薄力粉をふり入れ水分をとばす。牛乳350㎖を3～4回に分けて加え、かぼちゃのペースト120gも加えて、適度なかたさになるまで練る。塩、薄口醤油で味を調え、毛蟹のほぐし身を混ぜ合わせる。それをバットに広げて一晩冷蔵庫でねかせる。②9gごとに分け、それぞれに塩ゆでした枝豆1粒ずつを入れ、フライ衣をつけて（しっかりさせたいため、小麦粉と溶き卵は2度つける）、160℃の油で色がつき過ぎないように揚げる。

「松茸牛肉巻き焼き」のつくり方
①松茸は軸を掃除し、表面の汚れを取り、四つ割りにする。②牛ロース肉のスライスを、味醂3、日本酒1、醤油1.5の割り下に5分ほど漬ける。③❶に❷を巻き、金串を刺して炭火で焼く。④仕上げに3回ほど割り下を塗りながら味をのせ、たれ焼きにする。

「秋刀魚棒寿し」のつくり方
①秋刀魚は水洗いして下処理する。三枚におろして骨を抜き、塩を10分あてる。②表面の塩をよく洗い流して、米酢に5分ほど浸し、酢〆にして薄皮をむく。③巻きすに寿し飯と❷を巻き、棒寿司にする。④食べやすい大きさに切り、酢橘の輪切りを挟む。

「厚焼き玉子」のつくり方
①卵8個を黄身と白身に分ける。②すり鉢に魚のすり身を200g、卵黄8個分を入れて合わせる。③同時に白身をボウルに入れて、角が立つまで泡立てる。④❷のすり鉢に、❸、砂糖76g、味醂34gを混ぜ入れる。⑤流し缶に入れ、160℃のオーブンで約15分、さらに120℃で20分焼く。⑥中まで火が通ったことを確認し、オーブンから出して冷ます。⑦冷めたら、ひと口大に切る。

器に、すべての料理を彩りよく並べ、素揚げにした銀杏を飾る。

「磯つぶ貝旨煮」のつくり方
①磯つぶ貝はよく洗ってぬめりを取り、熱湯で霜降りにする。②鍋に水、水の分量の日本酒2割を入れ、昆布、磯つぶ貝を入れ、濃口醤油と味醂少々で味を調え、20分ほど炊く。③身の部分に取り出しやすいように竹串を刺す。

「いか塩〆　焼き松茸　長芋　むかご
　三つ葉　明太和え」のつくり方
①白いかは下処理して薄皮をむいて掃除し、さくに切り分ける。表面に薄く塩をして、細造りにする。②椎茸は炭火で両面を焼き、薄切りにする。③長芋は皮をむき、短い棒状に切る。④むかごは表面を水洗いし、薄く塩をして、蒸し器で蒸す。⑤三つ葉は塩ゆでし、食べやすい長さに切る。⑥明太子は皮から外し、身をほぐす。⑦ボウルの中に、全ての材料を入れ、❻で和える。

ぼたん海老昆布〆
生雲丹　菊花　向酢

つくり方
①ぼたん海老は殻をむき、薄く塩をふって昆布締めにする。②器に❶を盛って、生雲丹をのせて向酢をかける。③仕上げに、黄色と紫の菊花をあしらう。

冬の先付 付き出し

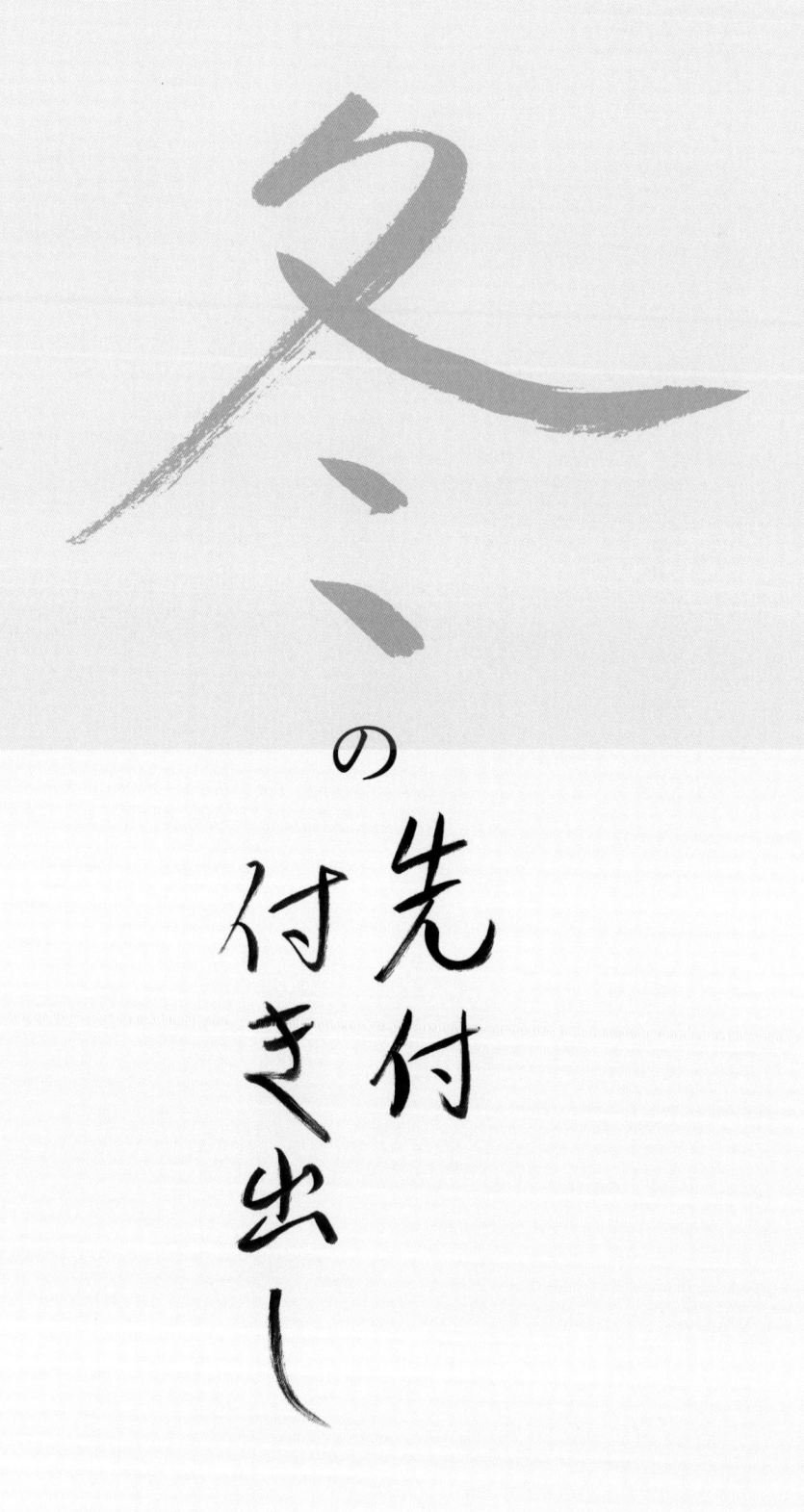

冬の先付と付き出し
——冬は温かいもの、ご馳走を楽しみます。

先付・付き出しというと、一般的に冷たいものをイメージされる方が多いと思いますが、寒い季節には温かい料理からスタートするのが理にかなっています。また、冬はご馳走の季節。年末から年始にかけては、松葉蟹、ふぐ、本鮪、きんき、ぶりなど華のある食材が多く出回ります。人間は寒さで代謝が下がると、そうした脂がのって旨みを増した魚や、精のつく熊肉などのエネルギーが欲しくなります。

88

おでん仕立て
青竹串刺し

さえずり／大根／
さつま揚げ／赤こんにゃく

筒向に差さした青竹串が
何ともユーモラス。
おでんという意外性が楽しい

つくり方

①さえずりは水に糠を入れて火にかけ、5時間ほどコトコトやわらかくなるまで煮て、そのまま一昼夜置く。その後、流水でさらして糠を取る。②鍋に❶、二番だしを入れて火にかけ、薄口醤油と味醂少々で味を調え、1時間ほど煮て味を含ませる。③大根は丸くくり抜き、米のとぎ汁で下ゆでし、冷水にさらす。鍋に大根を入れ、さえずりを炊いただしを加えて、味を含ませる。④さつま揚げをつくる。人参、きくらげ、いんげんは適当な大きさに切り、吸い地で炊く。いかのすり身に卵黄と油を混ぜた〝玉子の素〟を少々入れ、さつま揚げの生地をつくる。その中に炊いた野菜と桜海老を入れて丸く形を整え、170℃の油で色よく揚げる。⑤揚がったさつま揚げの表面に熱湯をかけて油を切り、二番だしに薄口醤油、味醂少々で調味した中に入れて味を含ませる。⑥赤こんにゃくは適当な大きさに切り、二番だしに薄口醤油と塩で味を調えた吸い地で炊く。⑦それぞれを鍋で温めて青竹串に刺し、器に入れ、さえずりのだしを張る。仕上げに、さえずりの上に辛子をのせる。

89

南京茶碗蒸し

車海老／帆立貝／蒸し鮑／銀あんかけ／山葵

寒い季節、体が温まる
南京茶碗蒸しに
ほっとひと息

つくり方
①二番だしに塩と薄口醤油を加えて味を調え、吸い地をつくる。吸い地150㎖に対して、卵１個分の溶き卵を合わせ、茶碗蒸しの地をつくる。②かぼちゃは皮をむき、蒸して裏漉しする。③茶碗蒸しの地に対して、３割ほどの❷を混ぜ合わせる。④殻付き帆立を掃除して、貝柱の表面を炙り、焼霜にしてひと口大に切る。⑤やわらかく蒸した鮑も、帆立と同じくひと口大に切る。⑥器に❹、❺を入れて❸を注ぎ、スチームコンベクションで85℃、15分に設定して、茶碗蒸しをつくる。⑦仕上げにゆでた車海老をのせ、吸い地に日本酒、溶き葛粉を加えた銀あんを全体にかける。⑧天にすりおろした山葵を盛る。

90　香箱蟹

蒸したてで供する
初冬の味覚の香箱蟹は
この季節だけの贈り物

つくり方
①活香箱蟹の雌の表面をさっと洗い、バットに並べて日本酒をふりかけ、100℃の蒸し器で20分蒸す。②蒸し上がった蟹を脚、爪、胴体に分け、ひたすら身を取り出す。③蟹の甲羅にほぐした身、掃除した内子と外子を詰める。④蒸し器で温め、熱々を供する。

91 伊勢海老の洗い

りんご酢ゼリー

金沢・兼六園の〝雪吊り〟を模した器を開けると、伊勢海老を内包する雪玉が顔を出す。思わず笑顔になる演出が見事

つくり方

①伊勢海老はさばいて適当な大きさに切り、氷水の中で洗いにする。②だしにりんご酢、薄口醤油、砂糖を加えて熱し、板ゼラチンを煮溶かして、酢橘の搾り汁を加える。冷やしてゼリーをつくり、粗めに裏漉して、りんごのすりおろしを加える。③りんごを大小の丸にくり抜き、小さな角切りと共に❷に加える。さらに水前寺海苔、翡翠色にゆでた千社唐（ちしゃとう）の角切りも加える。④器に❶の伊勢海老の洗いを盛り、りんご酢ゼリーをこんもりのせる。

92 柚子釜盛り

柚子釜の中に4種類の
揚げ物をあふれんばかりに
盛り込み、期待を高める

甘鯛唐揚げ

つくり方
①甘鯛は三枚におろし、中骨を抜く。
②ひと口大に切り、薄く塩をして葛粉をまぶし、180℃の油で唐揚げにする。

海老真丈丸揚げ

つくり方
①白身魚のすり身に卵黄と油を混ぜた〝玉子の素〟を適量入れ、真丈の生地をつくる。②車海老は背ワタを取って掃除をし、細かく刻む。③❶に❷を1：1の割合で合わせ、丸く形を整える。④90℃のスチームコンベクションの中に入れ、10分ほど火を通す。⑤蒸し上がった❹に葛粉をまぶし、180℃の油で揚げる。

蟹入り揚げ百合根饅頭

つくり方
①百合根は掃除して蒸し器で蒸し、裏漉しする。②その中に卵白、葛粉を加えて生地を作り、蟹脚の棒肉を真ん中に入れて丸く形を整える。③表面に葛粉を打ち、180℃の油で揚げる。

花蓮根唐揚げ

つくり方
①蓮根は皮をむき、穴の形に添うように包丁を入れて花形にする。さらに５㎜幅に切って水にさらし、水気を拭く。②表面に葛粉を打ち、180℃の油で揚げる。

柚子みぞれおろし三つ葉きざみ

つくり方
①鍋に、二番だし８、薄口醤油１、味醂１を火にかけ、さっと沸かして天つゆをつくる。②大根おろしの水気を適度に切って、❶に入れる。黄柚子の皮もすりおろして加える。③仕上げに、ゆでた三つ葉を細かく刻み、天にあしらう。

93

ふぐあん肝 細葱巻き

ふぐ白子／ふぐ皮／
ぽん酢ゼリー／芽葱

繊細なふぐの薄造りから
透けて見えるあん肝が美しい。
ぽん酢ゼリーがアクセント

つくり方

①とらふぐを三枚におろし、薄皮の掃除をして薄造りにする。②蒸したあん肝をひと口大に切り、浅葱を添えて❶で巻く。③ふぐの白子は熱湯の中で表面を霜降りにし、薄く切る。④橙の搾り汁1個分と同量の濃口醤油、煮切り酒を適量合わせ、鰹節、昆布を加えて3日ほど冷蔵庫でねかせてぽん酢をつくる。昆布と鰹節の旨味がでたところで、昆布と鰹節は取り除く。⑤❹に対して3％の板ゼラチンを入れ、ポン酢ゼリーをつくる。⑥器に❷、❸、刻んだふぐの皮を盛り、❺をかけて、刻んだ芽葱をあしらう。

94 焼き伊勢海老

蒸し湯葉／頭芋／白味噌仕立て／あられ柚子

焼き伊勢海老とやさしい味わいの頭芋で正月を寿ぐ

つくり方

①頭芋は皮をむき、米のとぎ汁でやわらかくなるまで下ゆでする。鍋に二番だし、昆布、塩、薄口醤油で味を調えた中に頭芋を入れ煮含める。②湯葉はひと口大に切り、蒸し器で温める。③伊勢海老は頭を取り、殻がついたまま半割にする。④炭台の上に網を置き、殻を下にして伊勢海老を焼く。赤く色づいたら、殻から外し、ひと口大に切る。⑤二番だしに白味噌を溶き、少し濃いめの白味噌仕立てにする。⑥器にひと口大に切った頭芋を盛り、その上に湯葉をのせて❺を張り、最後に伊勢海老を盛る。⑦仕上げに、あられに切った柚子をあしらう。

95

ひらめ昆布〆　さより昆布〆
赤貝昆布〆　菜の花昆布〆

炙りばちこ／千社唐／
水前寺海苔／紅白なます／土佐酢

昆布締めとあしらいの
渾然一体の美味。
穏やかな酸味が心地よい

つくり方

①ひらめ、さより、赤貝はそれぞれ下処理をして、昆布締めにする。②菜の花は塩ゆでにして水気をきり、昆布締めにする。③人参、大根は千六本に切り、強めに立塩をして１日置き、味をなじませる。味がなじんだら水にさらして塩を抜き、両手でぎゅっと水気を絞る。④米酢を水で割り、砂糖、昆布、鷹の爪を加えて甘酢をつくる。そこに❸を加えて甘酢漬けにし、紅白なますをつくる。⑤水前寺海苔は水で戻し、小角に切る。⑥千社唐は皮を剝き、塩ゆでし、小角に切る。⑦ばちこは炙ってから、水前寺海苔と同様に小角に切る。⑧器に菜の花の昆布締めを敷き、ひらめ、さより、赤貝の昆布締め、❹を混ぜ合わせたものを彩りよく盛る。⑨上に❺、❻、❼を飾り、仕上げに二番だし、米酢、濃口醬油、砂糖で味を調えた土佐酢をかける。

96

百合根饅頭
車海老／帆立／雲丹／山葵

蒸し鮑
べっ甲あんかけ

ほっくり温かな百合根饅頭と
やわらかな蒸し鮑の取り合わせ

つくり方
①百合根は掃除をし、蒸して裏漉しする。そこに、卵白、葛粉、塩を混ぜて生地をつくる。②塩ゆでした車海老の殻をむき、ひと口大に切る。③帆立は貝柱をバーナーで炙って焼霜にし、ひと口大に切る。④❶の真ん中に❷、❸、生雲丹を入れて丸める。⑤鮑は下処理をし、6時間ほど蒸してやわらかくする。⑥蒸し上がった鮑をひと口大に切り、両面に包丁目を入れる。⑦二番だしに濃口醤油、味醂少々を入れて味を調え、葛をひいてべっ甲あんをつくる。⑧蒸し器で❹と❻を温めて器に盛り付け、上から❼をかけて、百合根饅頭の天に山葵をのせる。

97

節分八寸

料理とあしらいで表現する
節分八寸。
早春の息吹を縁高に盛り込む

お品書き

柚子釜盛り
地蛤／うすい豆あんかけ／生湯葉茶碗蒸し／刻み柚子

蒸し鮑　大豆五目煮
あんかけ

真鰯柚庵焼き

ぼたん海老昆布〆
りんご酢ゼリー／千社唐／水前寺海苔

青竹串刺し
ひらめあん肝巻き／黄身酢
筍土佐煮／木の芽
牡蠣時雨煮

柚子釜盛り

地蛤／うすい豆あんかけ／生湯葉茶碗蒸し／刻み柚子

つくり方
①柚子は中身をくり抜き、柚子釜にする。②地蛤を潮仕立てにして、だしをとる。③卵1個に対して、❷のだしを150㎖入れ、塩で味を調えて茶碗蒸しの地をつくる。④❶に生湯葉をひき、❸を柚子釜の半分まで入れ、蒸し器に15分ほどかけて茶碗蒸しをつくる。⑤塩ゆでして裏漉ししたうすい豆に❷を加えて、すり流しにする。⑥温めた地蛤の身を❹の上に盛り、薄く葛をひいた❺をまわりから注ぐ。仕上げにあられに切った柚子、うすい豆をあしらう。

蒸し鮑　大豆五目煮 あんかけ

つくり方
①鮑は掃除をし、殻から出して日本酒をふり、6時間ほど蒸してやわらかくする。②大豆五目煮をつくる。椎茸、蓮根、こんにゃく、人参、いんげんはすべて、大豆と同じくらいの大きさに切る。鍋に、戻した大豆、野菜、こんにゃくを入れて水を張り、全体の量の20%の日本酒を加えて火にかける。沸いてきたらアクをすくいながら1時間ほど炊く。濃口醤油、砂糖で味を調え、さらに30分ほど炊いて味を含ませる。

真鰯柚庵焼き

つくり方
①鰯は水洗いして三枚におろし、柚庵焼きの地に10分ほど漬ける。②鰯を両づま折りにして串を打ち、炭火で焼く。途中、割り下を4～5回塗りながら、色よく焼き上げる。

ぼたん海老昆布〆

りんご酢ゼリー／千社唐／水前寺海苔

つくり方
①ぼたん海老は頭を取って殻をむき、薄く塩をして昆布締めにする。②りんご酢ゼリーをつくる。だしにりんご酢、薄口醤油、砂糖を加えて熱し、板ゼラチンを煮溶かして、酢橘の搾り汁を加える。冷やしてゼリーにし、粗めに裏漉して、りんごのすりおろしを加える。③器にひと口大に切った❶を盛り、❷を上からかける。④水で戻し小角に切った水前寺海苔、皮をむいて塩ゆでし、小角に切った千社唐、丸くくり抜いたりんごを、彩りよく盛り付ける。

青竹串刺し

「ひらめあん肝巻き」のつくり方
①ひらめは下処理をし、三枚におろし、薄く塩をしてさくのまま昆布締めにする。②昆布締めにしたひらめを薄くへぎ、中心にあん肝を巻き、上に黄身酢をのせる。

「筍土佐煮」のつくり方
①筍は糠と鷹の爪を入れて下ゆでし、あく抜きをする。粗熱がとれたら皮をむいて掃除をし、半分に切り、生上げにする。②二番だしに❶を入れ、昆布、塩、薄口醤油、濃口醤油、味醂、日本酒を入れ、1時間ほどコトコト弱火で炊く。③炊きあがった筍を適当な大きさに切り、粉鰹をまぶし、木の芽を添える。

「牡蠣時雨煮」のつくり方
①牡蠣は大根おろしで汚れをとり、水で洗い、霜降りにする。②鍋に二番だし、濃口醤油、砂糖、味醂少々を入れて火にかけ、味を調える。沸いたところに針生姜と牡蠣を入れ、ひと煮立ちさせてあくをすくい、火を止める。そのまま冷ましながら、味を含ませる。

青竹串に牡蠣時雨煮、筍土佐煮、ひらめあん肝巻きの順に刺す。

98

地蛤 若布
うるい 独活

木の芽／潮仕立て

早春の香り漂う
滋味あふれる濃厚な
蛤の潮仕立て

つくり方

①大きな地蛤を塩分濃度2%の塩水に漬け、アルミホイルをかけて暗くし、2時間ほど落ち着かせて砂を吐き出させる。②鍋に❶を入れ、蛤1個に対して水100㎖、日本酒10㎖、昆布を加えて沸かす。③沸いてきたらあくをすくい、蛤の口が開いたら取り出しておく。④汁を漉して冷まし、殻から外した蛤の身を1日漬けて旨味を抽出する。⑤若布は掃除をして、ひと口大に切る。⑥うるいは塩ゆでして吸い地に漬け、お浸しにする。⑦独活は皮をむき、短冊切りにする。⑧塩で味を調えた潮汁を沸かし、そこに蛤の身、若布、うるい、独活を入れて温め、器に盛り、木の芽を添える。

99

関鯖棒寿し

つくり方

①関鯖は水洗いして三枚におろし、中骨を抜き、強塩をし1時間置く。②流水で塩を洗い、表面の水気をふき取り、米酢に1時間ほど漬けて〆鯖にする。腹骨を取り、薄皮をむく。③赤酢の寿し飯に、白胡麻と刻んだがりを混ぜる。④巻きすに❷を置き、❸を適量のせて巻き、棒寿しにする。⑤ひと口大に切って器に盛る。

100

絵馬盛り

絵馬盆に料理で描かれた
旧正月のお祝いと節分。
謂れの謎解きを楽しむ

お品書き

福白子焼き　ちり酢がけ
新筍　独活　木の芽味噌
伊勢海老昆布〆
鮑大船煮
鰯実山椒焼き
浜ゆで蟹味噌和え

福白子焼き
ちり酢がけ

つくり方
①ふぐ白子は筒切りにし、串に刺して、炭火でふっくらと膨らみ、きれいな焼き色がつくまで焼く。②器に盛り、ちり酢をかける。

伊勢海老昆布〆

つくり方
①活伊勢海老の殻をはずし、昆布の上に置いて薄く塩をふり、昆布〆にする。②ひと口大に切って器に入れ、煮きり酒にレモン汁と薄口醤油を加えて味を調えたものをかける。

新筍 独活
木の芽味噌

つくり方
①新筍は穂先を切り落とし、皮をむいて、米糠と鷹の爪を加えて、やわらかくなるまで下ゆでする。一晩そのまま置く。翌日、米糠を落として水にさらし、かたい部分を除いて掃除をする。②鍋に移して、だしと昆布を加え、塩、薄口醤油、濃口醤油、酒で味を調えて１時間煮る。冷めたらサイコロ状に切る。③独活は下ゆでし、吸い地で煮て乱切りにする。④筍と独活を木の芽味噌で和える。

鮑大船煮

つくり方
①鮑は熱湯の中で霜降りにして殻からはずす。②大豆は１晩水につけて戻す。大根、人参をくりぬき器で丸くくりぬく。ごぼう、蓮根は小さめの乱切り、椎茸は４等分に切り、昆布は小角に切る。③鍋に野菜と椎茸、昆布、鮑、大豆を入れ、水、水の１割の日本酒を加えて３～４時間煮る。④大豆がやわらかくなったら、濃口醤油、砂糖、味醂少々を少しずつ加えていき、最後にたまり醤油をほんの少々加える。全体で１時間ほど煮て、火を止め、冷ます。⑤鮑を薄切りにし、大豆、野菜、椎茸、昆布とともに器に盛る。

鰯実山椒焼き

つくり方
①鰯は三枚おろしにし、腹骨と小骨を取る。②割り下を作る。味醂3、酒1の割合で合わせ、煮きってアルコール分をとばし、醤油を1.5の割合で加える。③すり鉢で実山椒をすり潰し、割り下を加え、たれをつくる。④鰯をたれに少しつけ、串に刺して、炭火で照りが出るまで2～3回焼く。⑤器に盛り、粒の実山椒をあしらう。

浜ゆで蟹味噌和え

つくり方
①浜ゆでした松葉蟹は殻から身をはずし、掃除する。②蟹味噌は裏漉しし、蟹の身と和えて、器に盛る。

101

立春大吉

ひらめ昆布〆 菜の花巻き／赤貝／帆立貝／りんご酢ゼリー／水前寺海苔／千社唐

つくり方

①りんご酢ゼリーをつくる。だしにりんご酢、薄口醤油、砂糖を加えて熱し、板ゼラチンを煮溶かして、酢橘の搾り汁を加える。冷やしてゼリーにし、粗めに裏漉して、りんごのすりおろしを加える。②ほぐしたりんご酢ゼリーに、水で浸して小角に切った水前寺海苔、塩ゆでして小角に切った千社唐、丸くくり抜いたりんごを混ぜる。③器に、菜の花のお浸しを巻いたひらめ昆布〆、赤貝と帆立の焼霜を盛り、❷をかける。

立春大吉は
旧暦の一年の始まり。
春の兆しを感じさせる
みずみずしい一品

厨房にて、
佐藤弘明さん（中央）、栗原涼平さんと。

あとがき

『何かを変える』というテーマのもと、私の献立づくりは五〇歳から約五年間、何か少しでも、何か一つでも日本料理の新しいものを見つけられないかという思いで、長い旅の途中にいるような気がしています。

時に自分を否定し、時に自分を慰め、不意に降りてくる料理の神様と語り合うまで、何が答えかを探し続ける毎日でありました。料理の神様は厳しくも優しくもあり、私の全てを見透かしているかのように、心の奥底まで問いかけてきます。

その中で今回の先付、付き出しは一番の難問であり、その料理人の個性が一番反映されるものと言っていいでしょう。

二〇一九年からの銀座小十での月替わりの献立は、全て違う料理を出すと心掛けてきました。毎月十品から十一品、一年で約一二〇品、五年間でちょうど六〇〇品くらいの料理を考え続けたところにいます。もちろん、何かを変えることだけが全ての美味しさ、お客さまの喜びになるということではないのはよくわかっています。それでも五十代という私の人生で一番大事な一〇年間を、新しい何かを見つけるために、残りの六〇〇品を考える時間に使いたいと思います。

現代の日本の飲食業界では、西洋料理やワインをはじめ、海外からの食文化が主流になり、調理師学校でも日本料理ではなく、西洋料理ばかりを教える傾向にあります。そうしたこともあって日本の伝統的な食文化は消えつつあり、常々と

ても悲しく思っていました。
日本料理と日本の食文化がこのまま消えてなくなってはいけないという危機感の中、私はこの度、日本料理と寿司、天ぷら、蕎麦、うどん、和菓子、日本酒、焼酎、日本茶、現代陶芸、塗りや蒔絵、日本全国にある伝統工芸や食材の生産者だけを取り上げた本を、年に2回の予定で出版することにいたしました。本の名前は『温故知新』とつけました。
全ての日本の食文化は古きものから教えを学び、今を生きている人々が新しいものを生み出すということだと思います。世界に類のない、素晴らしい日本の食と文化を絶やすことなく、より発展的になるよう、私の残りの人生は愛する日本料理と日本の食文化のために捧げたいと思っております。
最後に、忙しい毎日の中、新しい料理を共に生み出してきた、佐藤弘明君、飯塚栄二君、そして全ての従業員に感謝いたします。連日深夜遅くまで編集作業に付き合ってくれた寺田茉夕那さんにも感謝いたします。
また、出版にあたりお世話になった瀬川慧さん、カメラマンの大山裕平さん、デザイナーの熊谷元宏さんにお礼を申し上げます。

令和六年九月

奥田透

銀座 小十

東京都中央区銀座5-4-8
カリオカビル4階

TEL　03-6215-9544
営業時間　昼12時～
夜18時、20時30分（入店）
定休日　日曜、祝日（不定休あり）
要予約　http://www.kojyu.jp

奥田　透（おくだ・とおる）

1969年静岡県静岡市生まれ。静岡、京都、徳島で約10年間、日本料理を学ぶ。29歳で地元・静岡に「春夏秋冬 花見小路」を開店。2003年7月に東京・銀座に移り「銀座 小十」をオープン。2011年8月銀座五丁目並木通りに「銀座 奥田」をプロデュース。2012年6月同ビルに「銀座 小十」を移転する。2013年9月フランス・パリにて「OKUDA」を開店。本物の日本料理を海外で提供するという挑戦を始める。著書に『世界でいちばん小さな三つ星料理店』（ポプラ社）、『焼く 日本料理 素材別炭焼きの技法』（柴田書店）、『日本料理 銀座小十』（世界文化社）、『銀座小十の料理歳時記十二カ月 献立にみる日本の節供と守破離のこころ』『銀座小十の盛り付けの美学 徹底図解 進化する日本料理とは何か』（誠文堂新光社）、『その料理、秘められた狂気』（ごま書房新社）ほか。

料理アシスタント／佐藤弘明（銀座 小十）
飯塚栄二（銀座 奥田）
レシピ作成協力／寺田茉夕那（銀座 小十）

アートディレクション／熊谷元宏
デザイン／knvv ケイエヌブイブイ
撮影／大山裕平
構成・文／瀬川 慧

日本料理の〝今〟を捉えた、感動を生む献立の幕開け
銀座 小十の先付・付き出し一〇一品

NDC 596

2024年10月11日　発　行

著　　者　奥田 透
発 行 者　小川雄一
発 行 所　株式会社 誠文堂新光社
〒113-0033 東京都文京区本郷3-3-11
https://www.seibundo-shinkosha.net/
印刷・製本　TOPPANクロレ 株式会社

ISBN978-4-416-52470-1